Schöningh

k. Valeske

EinFach
Musik
Unterrichtsmodell

Mit Rhythmus anders lernen

Von Ursula Bredenbeck

Herausgegeben von
Norbert Schläbitz

Bildnachweis:
Verlagsarchiv Schöningh/Ursula Bredenbeck: 28, 32
Verlagsarchiv Schöningh/Matthias Berghahn, Bielefeld: 34 (2)

www.schoeningh-schulbuch.de
Schöningh Verlag, Jühenplatz 1–3, 33098 Paderborn

Druck 5 4 3 2 1 / Jahr 2015 14 13 12 11
Die letzte Zahl bezeichnet das Jahr dieses Druckes.

Umschlaggestaltung: Jennifer Kirchhof
Notensatz: Schickhaus Notentypographie GbR, Wiesbaden
Druck und Bindung: westermann druck GmbH, Braunschweig

ISBN 978-3-14-018081-8

Vorwort

Der vorliegende Band ist Teil einer Reihe von Unterrichtsmodellen, die von Lehrerinnen und Lehrern erprobt wurden und an den Bedürfnissen der Schulpraxis orientiert sind. Sie decken ein breites Spektrum tradierter und aktueller Themenbereiche ab. So werden Unterrichtsmodelle zu Komponisten oder Epochen vorgelegt, darüber hinaus sind Modelle und Unterrichtsvorschläge zu relevanten Themen des Faches Musik im Zusammenhang mit seinen Nachbarfächern vertreten. Den Unterrichtsmodellen beigefügt sind CDs mit dem Großteil der behandelten Musikstücke unter Verzicht auf gängige Musikliteratur. Der vorliegende Band verzichtet allerdings auf eine CD-Beilage.
Die Reihe EinFach Musik sucht dabei den schulischen Gegebenheiten Rechnung zu tragen und bietet ein ausgewogenes Verhältnis von Aufgaben, Impulsen, Fragestellungen oder Projekten ohne und mit Notenkenntnissen. Im Mittelpunkt stehen Bausteine, die jeweils thematische Schwerpunkte mit entsprechenden Untergliederungen beinhalten.
In einem ausführlichen Inhaltsverzeichnis erhält der Benutzer/die Benutzerin zunächst eine Übersicht über die Inhalte der im Modell behandelten Bausteine.

Es folgen:

- Vorüberlegungen zum Einsatz des Buches im Unterricht
- Hinweise zur Konzeption des Modells
- Ausführliche Darstellung der einzelnen Bausteine
- Zusatzmaterialien

Ein besonderes Merkmal der Modelle ist die Praxisorientierung. Enthalten sind kopierfähige Arbeitsblätter, Tafelbilder, konkrete Arbeitsaufträge, Projektvorschläge. Handlungsorientierte Methoden und produktionsorientierte, kreative Verfahren im Umgang mit Musik sind in gleicher Weise berücksichtigt wie eher traditionelle Verfahren zur Erschließung von Musikliteratur. Neben den ins Heft eingebundenen Notenbeispielen oder Mitspielsätzen sind solche gelegentlich auch als Datensätze bzw. MIDI-Files auf den beigelegten CDs abgelegt.
Da die behandelte Thematik im vorliegenden Heft so aufbereitet wurde, dass keine ergänzenden Tonbeispiele oder Materialien benötigt werden, enthält dieses Heft allerdings keine CD.

Das Bausteinprinzip ermöglicht es den Lehrerinnen und Lehrern, Unterrichtsreihen in unterschiedlicher Weise und mit unterschiedlichen thematischen Akzentuierungen problemlos und variabel zu konzipieren.

Auf diese Weise erleichtern die Modelle die Unterrichtsvorbereitung und damit die Arbeit der Lehrerinnen und Lehrer.

Einzelarbeit
Partnerarbeit
Gruppenarbeit
Unterrichtsgespräch
Schreibauftrag
Szenisches Spiel Standbild
Hörauftrag (Musik hören)
Zur Musik malen/Zeichnen
Zur Musik bewegen
Musizieren
Besonders geeignet für die Sek. II
Projekt, offene Aufgabe
Hausaufgabe
Textarbeit
Arbeit am Notentext

Inhaltsverzeichnis

Vorüberlegungen zum Unterrichtsvorhaben

Mit Rhythmus anders lernen – Rhythmus als Aufmerksamkeits- und Wahrnehmungsschulung

Wer kennt sie nicht – die Kinder, die nicht still sitzen, nicht zuhören und sich nicht konzentrieren können. Die Kinder, die alles kommentieren, sich selten zurücknehmen, selten Verantwortung für sich selbst, ihre eigene Leistung und ihre Umwelt übernehmen können.
Routinierte Lehrkräfte berichten über Situationen, in denen der Unterricht durch Einzelaktionen der Schülerinnen und Schüler (im Folgenden wird zumeist nur die Form „Schüler" verwendet) und Disziplinierungsmaßnahmen vonseiten der Lehrkräfte „zerfasert" und nicht so recht „in Gang" kommen möchte (Jank 1999, S. 113).
Die Zahl von unkonzentrierten, unaufmerksamen und unruhigen Schülern mit einhergehender hoher Ablenkungsbereitschaft, mit Nicht-zuhören-Können und Nicht-still-sitzen-Können steigt stetig an. Schüler zeigen nicht selten Verhaltensauffälligkeiten bzw. -störungen. Schüchternheit, Unsicherheit, Ängstlichkeit und „Albernheit" sind dabei genauso zu beobachten wie aggressives und unruhiges Verhalten[1]. Ohne Frage, diese Schüler (hiermit sind selbstverständlich auch die Schülerinnen angesprochen) sind eine Herausforderung für jeden Lehrer und jede Lehrerin, vor allem, weil solche Kinder einen noch so gut durchdachten und (selbstverständlich unter Einbezug der Schülerinteressen) geplanten Unterricht zunichte machen können.

1. Lernen – nein Danke? Die veränderte Kindheit und Jugend und ihre Auswirkungen auf das Lernverhalten

Verkürzt lässt sich das Lernverhalten vieler Schüler folgendermaßen beschreiben: Lernen ja – aber nur, wenn es Spaß macht.
Leider müssen wir auch zur Kenntnis nehmen, dass mit zunehmender Leistungsanstrengung der Spaßcharakter sinkt. Immer mehr Schüler sind nicht mehr in der Lage, eine ihrem Alter angemessene Anstrengungs- und Leistungsbereitschaft und damit ihre Wahrnehmung und Aufmerksamkeit auf Lerninhalte aufrechtzuerhalten, sobald „der Spaß vorbei ist" und sie sich anstrengen müssen. An dieser Stelle beeinflusst dann nicht selten lernhinderliches bzw. von der Norm abweichendes Verhalten den Unterrichtsverlauf.
Bei genauerer Betrachtung von Störverhalten stellen wir fest, dass verstärkt misserfolgsgeplagte, oft schwächere Schüler dem Unterricht nicht wie gewünscht folgen. Betrachten wir weiterhin die Ursachen für ein ungewünschtes Verhalten, erkennen wir vielfältige Ursachen, nicht selten aber kann es auch als Vermeidungsstrategie und Übersprungshandlung zur Leistungsvermeidung bzw. zur Vermeidung von Misserfolg gedeutet werden (Klöppel/Vliex 1992, S. 17–36). Wie oben erwähnt kommt hinzu, dass sich immer mehr Schüler über einen längeren Zeitraum nicht auf eine Sache konzentrieren können. In der schnellen virtuellen Welt, der sich immer mehr Schüler auch in der Freizeit widmen, finden sie oft keinen Lehrenden im traditionellen Sinne, denn in dieser Welt ist die Aufmerksamkeit oft auf kurze Sequenzen reduziert. Konzentration und Aufmerksamkeit im traditionellen Sinne werden im

[1] Auf die Ursachen für Verhaltensauffälligkeiten soll an dieser Stelle nicht im Detail eingegangen werden. Lediglich soll darauf hingewiesen werden, dass nach Klöppel/Vliex die Ursachen vielfältig sind. Häufig löst erst das Zusammentreffen von mehreren Faktoren eine Verhaltensauffälligkeit oder -störung aus. In der Literatur sind sich die Autoren darüber einig, dass das aktuelle soziale Umfeld (Familie, Kindergarten und Schule sowie weitere soziale Beziehungen) genauso als Ursache für Verhaltensauffälligkeiten infrage kommt wie frühere Erfahrungen und Erlebnisse sowie organische Krankheiten (Klöppel/Vliex 1992, S. 20).

Alltag in der Familie und in der Freizeitgestaltung der Schüler nicht mehr in dem Maße trainiert, dass Schule auf diese Fähigkeiten zurückgreifen kann.
Manchmal ist Störverhalten einfach nur die Folge von Unruhe. Die angesprochene veränderte Freizeitgestaltung unserer Kinder und Jugendlichen bringt es oft mit sich, dass körperliche Bewegung für eine immer größer werdende Gruppe einen zunehmend geringeren Stellenwert bei gleichzeitig steigendem Anteil sitzender Tätigkeiten besitzt. Als Folge dieser veränderten Kindheit und Jugend wird von vielen Lehrkräften in der Schule eine permanente Unruhe beklagt.
Es ist nicht mehr zu übersehen: Unsere Kinder haben sich verändert und mit ihnen die Erziehungssituation (nicht nur) in der Schule. Die Wissenschaft geht auf dieses Phänomen mit dem Deutungsmuster „Veränderte Kindheit und Jugend" ein (vgl. Schmidt 2003 und Burrmann 2008).
Eine Reihe von Studien zeigt, dass die Veränderungen, z. B. in der Familienstruktur und in der Freizeitgestaltung, ungünstige Entwicklungsvoraussetzungen für Kinder und Jugendliche mit sich bringen können. Von den negativen Auswirkungen des veränderten sozialen Verhaltens und der neuen Freizeitgestaltung sind insbesondere Kinder aus sogenannten bildungsfernen Schichten betroffen, allerdings gilt dies auch zunehmend für Kinder aus bildungsnahen Schichten (KIGGS 2006 und Kretschmer/Wirszing 2007). Man kann also davon ausgehen, dass es Schülern von heute aufgrund vieler Veränderungen in Familie und Gesellschaft nicht immer gelingt, sogenannte Schlüsselqualifikationen zu erwerben und diese im Alltag für ihren eigenen Lern- und Bildungsprozess nutzbar zu machen. Darunter sind z. B. neben Fach-, Sach- und Methodenkompetenzen, Sozialkompetenzen, Selbstkompetenzen oder „Ich-Kompetenzen" und Teamfähigkeit (vgl. u. a. Balster/Schilf 2005 und Weinert 2001) die noch grundlegenderen Fähigkeiten der Wahrnehmung, der Aufmerksamkeit und der Konzentration zu zählen.

2. Die Auswirkungen von Konzentrationsschwäche und Aufmerksamkeitsstörungen auf das Lernen

Die sinkende Fähigkeit von Konzentration und Aufmerksamkeit bei Kindern wird in den letzten Jahren verstärkt bereits von Kindergärtner/innen und Grundschullehrkräften beobachtet. Um sich auf eine Sache zu konzentrieren bzw. die ganze Aufmerksamkeit auf diese Sache zu richten und damit ein Problem bewältigen zu können, müssen Reize zunächst wahrgenommen werden. Die Wahrnehmung wird in der Literatur als Grundlage der Intelligenz- und Persönlichkeitsentwicklung betrachtet: „Die Entwicklung der Intelligenz ist neben genetischen und ernährungsbedingten Faktoren sehr stark von den Sinneseindrücken der Umwelt abhängig, denn ohne Wahrnehmung kann sich die Intelligenz nicht entwickeln" (Hirler 1999, S. 26).
Die Fähigkeiten der Aufmerksamkeit und der Wahrnehmung sowie der Konzentration sind also von besonderer Bedeutung für das Lernen, denn Reize aus der Umwelt müssen von den unterschiedlichen Sinnessystemen zunächst wahr- und aufgenommen werden, um dann in einem komplexen Arbeitsprozess im Gehirn verarbeitet zu werden. Aufmerksamkeit und Wahrnehmung sind also Fähigkeiten, die nicht zuletzt das Erlernen weiterer Schlüsselqualifikation unterstützen (s.o.). Es findet somit eine permanente Wechselwirkung der Sinnessysteme und der Funktion des Gehirns statt.

3. Die gegenseitige Wechselwirkung der Sinnessysteme

Wir Lehrer können nicht gewährleisten, in jeder Lage und mit jedem Thema einen Spaßfaktor bei Schülern herbeizuzaubern. Wir können jedoch Faktoren in unsere Unterrichtsvorbereitung hineinplanen, die die Möglichkeit vergrößern, Schüler von der Sache zu begeistern. Selbstständiges und eigenverantwortliches Handeln können nachweislich das Interesse der Schüler an zu erarbeitenden Themen erhöhen. Mit dem selbstständigen und eigenverantwortlichen Arbeiten ist gleichzeitig eine Beteiligung mehrerer unterschiedlicher Sinne an

der Lernaufgabe gegeben – eine wichtige Voraussetzung für Lernen überhaupt, denn die Wahrnehmung und die Sinnessysteme sind eng miteinander verbunden. Alle von außen und innen kommenden Reize, die über die Sinnesorgane wie Ohr, Auge, Nase oder Geschmack sowie über den Tast- und Spürsinn und den Vestibulärapparat (Gleichgewichtssinn) aufgenommen werden, werden über die Nervenbahnen im Rückenmark an das Gehirn geleitet (afferent) und dann als neurale Befehle wiederum über Nervenbahnen des Rückenmarks in den Körper zurückgesandt (efferent). Dabei sind alle Sinne eng miteinander verbunden. Blindes Balancieren z. B. fördert den Gleichgewichtssinn genauso wie den Tastsinn. Es wird vermutet, dass die Fähigkeit, Sinneseindrücke differenziert wahrnehmen zu können, auch u. a. Einfluss sowohl auf die Kommunikationsfähigkeit als auch auf soziale Verhaltensweisen hat (Hirler 1999, S. 27). Die Neurologen sind sich seit langer Zeit über das Zusammenwirken der Sinnessysteme einig (Vester 1978, S. 93–128).
Die soziale Kompetenz, die Kommunikationsfähigkeit und positive Verhaltensweisen als Beispiel stehen aufgrund gegenseitiger Wechselwirkung der Sinnessysteme, verbunden mit einer komplexen Reizverarbeitung im Gehirn, immer in Verbindung mit einer Förderung in anderen Bereichen (Hirler 1999, S. 44). Als Konsequenz wird von Pädagogen eine Sinnesschulung gefordert, die die Sprachentwicklung und das Abstraktionsvermögen positiv beeinflussen sowie auf das Denken, Planen und Handeln wirken kann.
Wie eingangs bereits dargestellt, zeigen sich nicht selten und vermehrt bei schwachen Schülern eine Reihe von Verhaltensauffälligkeiten bzw. -störungen. Um Schülern allgemein und im Besonderen auch schwachen Schülern Erfolgserlebnisse zu vermitteln, sollten sie mit allen Sinnen, also ganzheitlich lernen. Sie sollen im übertragenen Sinne „Mit den Händen sehen, mit den Augen fühlen“ (Johann Wolfgang von Goethe zitiert nach Hirler 1999, S. 11). Goethe hat bereits zu seiner Zeit erkannt, dass „der Mensch [...] sich erst dann als Ganzes wahrnehmen [kann], wenn seine Sinne miteinander verbunden sind und sie miteinander kommunizieren“ (Hirler 1999, S. 11).

4. Die ganzheitliche Förderung – Selbstständig lernen und Verantwortung übernehmen

Eine ganzheitliche Förderung ist mehr als der Zusammenhang von Lernen und Handeln. Bereits bei Konfuzius ist auf diesen Zusammenhang hingewiesen. Ob Virchow, Pestalozzi, Dalcroze oder Feudel u. a.[1], viele haben diesen Zusammenhang gesehen und es bestreitet unterdessen niemand mehr, dass Handeln das Lernen unterstützt. Es besteht aus heutiger Sicht die allgemeine Forderung nach einer ganzheitlichen Förderung und sie ist legitim. Denn wie Untersuchungen (z. B. Brinkenkamp 2002 in: Breithecker 2007) zeigen, ist der Lernzuwachs bei Lerngruppen mit ganzheitlicher Förderung nachweislich höher als bei einer Unterrichtsgestaltung, die nur ausgewählte Sinne anspricht.
Auf der Suche nach einer aktuellen, allgemeingültigen Definition der ganzheitlichen Förderung trifft man auf unterschiedliche Aussagen: Als Grundlage wird bei allen Autoren das ganzheitliche Lernen betrachtet und ist nach Witoszynski, Schindler und Schneider „die Förderung aller Sinne und das gleichzeitige Beachten der Komplexität ihrer Verarbeitung im Gehirn“ (Witoszynski, Schindler, Schneider 1989, S. 19). Andere Autoren sehen die ganzheitliche Förderung im Wahrnehmen und Erkennen, „bei dem Körper und Geist im Idealfall gleichermaßen Anteil nehmen“ (Schläbitz 2007, S. 142), in der „Wahrnehmung und der Bewegung“ (Baur-Fettah 2007, S. 185), in der die Bewegung „der komplexe Reiz für die Sinne bzw. die geistige und körperliche Entwicklung“ ist (Liesen 2007) oder „im Spiel“

[1] Aus der beschriebenen Komplexität von Lernen ist bereits Mitte des 19. Jhds. eine Bewegung entstanden, die das ganzheitliche Lernen in den Vordergrund stellt. Die Vorreiter dieser Bewegung sind u. a. Jacques Dalcroze, Elfriede Feudel, Charlotte Pfeffer, Maria Scheiblauer u. a. Auch der Schweizer Pädagoge Johann Heinrich Pestalozzi und die italienische Ärztin und Reformpädagogin Maria Montessori haben auf die Zusammenhänge von Lernen mit „Kopf, Herz und Hand“ aufmerksam gemacht.

(Hirler 1999, S. 27) verwirklicht. Ziel der ganzheitlichen Förderung ist damit die „individuelle Persönlichkeitsbildung" (Meyer 1997, S. 27).
Eine umfangreiche Definition, was unter Einbeziehung neuer Erkenntnisse unter ganzheitlicher Förderung zu verstehen ist, liefert uns Meyer unter dem Begriff „Handlungsorientierter Unterricht": „Handlungsorientierter Unterricht ist ein ganzheitlicher und schüleraktiver Unterricht, indem die zwischen dem Lehrer und den Schülern vereinbarten Handlungsprodukte die Organisation des Unterrichtsprozesses leiten, sodass Kopf- und Handarbeit der Schüler in ein ausgewogenes Verhältnis zueinandergebracht werden können" (vgl. Meyer 2009, S. 27). Ein Unterricht, in der die ganzheitliche Förderung im Vordergrund steht, ist demnach ein handlungsorientierter Unterricht.
In dieser Definition wird deutlich, dass ganzheitliche Förderung neben den bereits angesprochenen Faktoren auch die Kommunikation zwischen Lehrern und Schülern sowie die Schüleraktivität, ggf. das selbstständige Entscheiden und Arbeiten, mit einbezieht.
Zusammenfassend findet die ganzheitliche Förderung also auf drei Ebenen statt:

- auf der kognitiven Ebene,
- auf der motorischen Ebene,
- auf der emotionalen Ebene.

Durch das ganzheitliche Lernen steht der Schüler im Mittelpunkt des Geschehens. Er übernimmt die Verantwortung für seinen Lernprozess, er bestimmt sein Lerntempo und beeinflusst ggf. den Inhalt des Themas. Damit wird der Lernprozess individualisiert.
Im § 1 Abs.1 des Schulgesetzes (SchulG) wird der Auftrag der Schule zur schulischen Bildung, Erziehung und *individuellen Förderung* formuliert: „Jeder junge Mensch hat ohne Rücksicht auf seine wirtschaftliche Lage und Herkunft und sein Geschlecht ein Recht auf schulische Bildung, Erziehung und individuelle Förderung" (Schulgesetz NRW 2006, S. 6).
Egal, mit welchen Lerngruppen gearbeitet wird, die Leistungsschere geht oft weit auseinander. Während ein Teil leistungsstarker Schüler schnell Aufgaben bewältigt, ist ein anderer Teil der Schüler bei gleicher Aufgabenstellung bereits an seine Leistungsgrenze gekommen. In den Lerngruppen finden wir also max. eine Altershomogenität vor, selten aber eine Leistungshomogenität[1]. Erfahrungen in der Schule zeigen, dass mit einer ganzheitlichen Förderung auf die unterschiedlichen Leistungsvoraussetzungen eingegangen und der Anspruch der individuellen Förderung erfüllt werden kann. Eine Unruhe durch Über- oder Unterforderung der Schüler kann damit weitgehend ausgeschlossen werden.

5. Rhythmus geht in die Beine und in den Kopf

Sobald rhythmische Musik ertönt, ist zu beobachten, dass Zuhörer zumindest mit den Beinen mitwippen. Andere fühlen sich von dem Rhythmus so sehr animiert, dass sie ihren gesamten Körper dazu bewegen. Rhythmus bewegt und Kinder bewegen sich gern. Bewegung ist Spiel, im Spiel werden Eindrücke verarbeitet; damit wird Spiel oft auch zum Lernen. Vorwiegend bei Kindergarten- und Grundschulkindern ist das Spiel von besonderer Bedeutung. Dies nimmt mit zunehmenden Alter zwar ab, die Bereitschaft zum Spielen hört aber auch bei den älteren Schülern nicht gänzlich auf. Im Spiel und der Bewegung, ggf. mit Unterstützung von Musik bzw. einem Rhythmus, werden durch Muskelarbeit Botenstoffe wie das Dopamin ausgeschüttet. Dieser Stoff steht für Aktivität und Motivation und sogenannte positive Gefühle. „Positive Gefühle", ein weiterer Baustein für ganzheitliche Förderung, spielen eine Rolle bei der Lernleistung.

---

[1] In einer Pressemitteilung der Pädagogischen Hochschule Weingarten 2008 wird von Wissenschaftlern in diesem Zusammenhang darauf aufmerksam gemacht, dass die Voraussetzung für große Lernfortschritte nicht die Bündelung leistungshomogener Schüler sei, sondern vielmehr „eine anregungsreiche Lernumgebung und ein kompetenter Umgang mit Heterogenität".

Bücher wie „Bewegung macht klug. Bewegungsspiele für die Entwicklungsförderung Ihres Kindes" (Wanders 2003) oder „Toben macht schlau. Bewegung statt Verkopfung" (Zimmer 2004) weisen wohl eher provokant auf den Zusammenhang von Bewegung und Kognition hin, dennoch berichten wissenschaftliche Studien von deutlichen Auswirkungen von körperlicher Tätigkeit auf die Aufmerksamkeit bzw. Konzentrationsfähigkeit: „Körperliche Tätigkeiten haben einen förderlichen Einfluss auf Aufmerksamkeit und Konzentrationsfähigkeit" (Breithecker 2007, S. 5). Konzentration ist dabei als gesteigerte Form der Aufmerksamkeit zu betrachten. Aufmerksamkeit wiederum ist als Zuwendung, als gerichtete, selektive Wahrnehmung zu verstehen, die erheblichen Einfluss auf die kognitive Leistungsfähigkeit hat (Hirler 1999, S. 26).
In einer Untersuchung von Brinkenkamp wurde herausgefunden, dass motorische Aktivität als signifikanter Teil einer ganzheitlichen Förderung hohen positiven Einfluss auf den Aufmerksamkeits- und Konzentrationsverlauf innerhalb eines Schulvormittags bei Schülern hat[1].
Die Erkenntnisse zu den Auswirkungen von Bewegung auf die Gesundheit und das Lernen bei Schülern haben Ende der 90er-Jahre zu dem Konzept „Bewegte Schule"[2] geführt.
Noch nicht im Einzelnen nachgewiesen, aber dennoch diskutiert sind die Zusammenhänge von Bewegung und Erhalt bzw. Neubildung von Neuronen[3].
Die Beteiligung motorischer Zentren des Gehirns spielen offensichtlich eine wesentliche Rolle bei Wahrnehmungs-, Verarbeitungs-, Lern- und Erinnerungsvorgängen. Rhythmus ist aber nie allein zu betrachten. Neben dem Aspekt der Bewegung bei der Rhythmusschulung steht der Aspekt der Musik.

5.1 Musik als pädagogisches Mittel

Musik ordnet und leitet, sie hat Strukturen. Betrachtet man das Gesamtbild eines Musikstückes, so ist es (mit wenigen Ausnahmen) mindestens in Strophe(n) und Refrain eingeteilt. Es können aber auch andere Einteilungen, wie z. B. auf der Basis eines Rondos, in dem unterschiedliche Strophenteile von einem immer gleichen Refrain zusammengehalten werden, zu hören sein. Dabei können die Strophenteile beliebig lang und sehr verschieden sein.
Des Weiteren gibt uns die Musik die Geschwindigkeit und die Taktart vor. Wir bewegen uns auf die Musik abgestimmt schnell oder langsam, wir „schunkeln" im ¾-Takt oder tanzen im Beat. Orientalische Klänge verleiten uns zu ungewöhnlichen Bewegungen im Hüftbereich, bei Klängen aus dem spanischen Andalusien begeben wir uns in Körperhaltungen, die mit den Worten Stolz und Eleganz verknüpft werden können.
Tonarten wiederum können unsere Gefühle ansprechen. Sie lassen uns fröhlich oder traurig auf ein Musikstück reagieren, Tonabfolgen bzw. Melodien können entspannende, melancholische oder auch aggressive Gefühle in uns hervorrufen.
Betrachtet man die Einzelteile des Musikstücks, so gibt uns der spezifische Rhythmus eine Bewegung vor: Unsere Bewegungen können langsam und zart sein, sie können je nach Musikart aber auch schnell oder wild sein u.v.a.m. Ob wir gehen, laufen oder hüpfen, entscheidet die Musik, zu der wir uns bewegen – kurz, Musik bewegt uns. In der Musik liegt

---

1 Aufmerksamkeits- und Belastungstest/Test d2 von R. Brinkenkamp 2002 (in: Breithecker 2007): Untersucht wurden drei Schülerarbeitsgruppen: A = ohne Bewegung, B = mit bewegten Pausen, C = mit bewegten Pausen und bewegtem Unterricht, in: Bewegte Schüler – Bewegte Köpfe, S. 7

2 Eine allgemeingültige Definition lässt sich für diesen Begriff nicht finden. Es scheint eher eine Art Sammelname für ein Schulkonzept, welches Bewegung in und an die Schule bringen soll und eine ganzheitliche Erziehung fordert. Allgemein lässt sich aber feststellen, dass die „Bewegte Schule" die Aufgabe hat, ganzheitliches Lernen zu fördern, das Schulleben zu gestalten und Schulentwicklung zu unterstützen. Im Rahmen einer projektorientierten Lehrveranstaltung, wurde im Sommersemester 2003 die Internet-Plattform zur Bewegten Schule ausgestaltet, betreut und evaluiert (vgl. Kultusminister des Landes Niedersachsen (Hrsg.). Leider konzentriert sich die Informations- und Materialiensammlung zum überwiegenden Fall auf Materialien für Grundschulen).

3 Die ständige Inanspruchnahme bestimmter Gehirnareale durch Lösung von Bewegungsproblemen wird als wesentlicher Anreiz für die Synapsenbildung in der gesamten Lebensspanne vermutet (vgl. Fleig 2008 und Liesen 2007)

folglich ein hohes pädagogisches Potenzial, was prinzipiell in jedem Fach genutzt werden kann.

Hierzu einige Beispiele:

- Wie oft bitten wir in der Klasse um Ruhe. Einige Lehrer/innen benutzen z. B. anstatt der verbalen Bitten und/oder Ermahnungen einen lang anhaltenden Klang auf einem Metallstab. Er kann dabei helfen, eine ruhige Arbeitsatmosphäre in der Klasse herzustellen. Sobald der Klang verstummt, ist auch in der Klasse die Aufmerksamkeit auf die Sache gerichtet.
- In konkreten Situationen können kurze Arbeitsaufträge mit einem bekannten Musikstück untermalt werden. Sobald das Musikstück beginnt, beginnt auch die Arbeitszeit, geht das Musikstück dem Ende zu, gilt Gleiches für die Arbeitszeit. So kann die Arbeitszeit genau begrenzt werden und der Schüler weiß jederzeit, wie viel Zeit ihm für die Ausführung des Arbeitsauftrags noch bleibt. Dabei wird den Strukturen der Musik wie z. B. der Länge, oft mehr Akzeptanz als dem Wort der Lehrkraft entgegengebracht.
- In einem Sportunterricht, in dem die Schüler selbstständig an ihren Bewegungsaufgaben üben, kann eine (leise) musikalische Untermalung des Übungsbetriebs nicht nur eine angenehme Arbeitsatmosphäre schaffen, sie kann auch Übungsphasen von Reflexionsphasen abgrenzen und damit den Stundenverlauf ordnen. Ein Verstummen der Musik kann z. B. das Signal zum Zusammenkommen an einem vorab verabredeten Ort bedeuten. Der Wechsel von Musikklängen und Ruhe erzeugt oft auch eine Konzentrationsbereitschaft bei den Schülern in der Ruhephase. Ein „um Aufmerksamkeit bitten" kann durch die Strukturierung mithilfe von Musik oft ausbleiben.

5.2 Rhythmusschulung im Kontext des „Ich", „Wir" und „Ihr"

Von unseren Schülern konsumierte Musik ist überwiegend mit einem Rhythmus unterlegt. Stark rhythmisierte Musik erzeugt (nicht nur) bei unseren Schülern oft ein rhythmisches Wippen, Stampfen oder ein imaginäres „Mittrommeln" u.Ä.

Mit Schülern Rhythmen nachzuspielen oder neue zu erfinden ist insofern sinnvoll, als dass zum einen die unterlegten Rhythmen bekannter Lieder oft leichter nachzuspielen sind als deren Melodie oder Harmonien. Zum anderen macht „Rhythmen-Trommeln" vielen Schülern großen Spaß. Leichte perkussive Rhythmen bekannter Lieder können von Schülern oft schnell nachgespielt werden, komplexere Rhythmen können auf mehrere Schüler verteilt werden. Abgesehen vom vorhandenen und lang anhaltenden Spaßcharakter und abgesehen davon, dass über einen nachgespielten Rhythmus eines Liedes in ein spezielles Thema eingeführt werden kann, bietet der Rhythmus bzw. die Rhythmusschulung eine Vielzahl von Möglichkeiten der Aufmerksamkeits-, Wahrnehmungs- und Konzentrationsschulung und damit des Lernens.

Eine Rhythmusschulung ist *bewegtes Lernen.* Der Aspekt der Bewegung in einer Rhythmusschulung ist insofern von großer Bedeutung, als dass u. a. durch Bewegung Eindrücke verarbeitet und die Raumorientierung ausgebildet werden.

Ein Unterricht mit einer Rhythmusschulung, der in allen Fächern, vermehrt aber im Musik- und Sportunterricht, stattfinden kann, nutzt und entfaltet das pädagogische und handlungsorientierte Potenzial und kann einen wichtigen Beitrag zu einem gelungenen Unterricht und der Verbesserung des Klassen- und Schulklimas leisten. Neben der Möglichkeit, in der Rhythmusschulung immer wieder in Gruppen zu arbeiten, sich gegenseitig helfen und stützen sowie seine individuellen Ideen einbringen zu können, wird den Schülern in kaum einem anderen Fachbereich als in der Rhythmusschulung so schnell bewusst, dass es wichtig ist, zuzuhören – wer in der Gruppe rhythmisch aktiv ist und eher fertig ist als all die anderen, liegt genauso falsch, wie derjenige, der später ankommt. Hier ist es wichtig, nicht nur die Sache, sondern auch sich selbst innerhalb einer Gruppe und gleichzeitig die anderen Gruppenteilnehmer wahrzunehmen; eine Fähigkeit, die neben anderen sogenannten Grundkompetenzen vielen unserer Schüler fehlt und dringend gelernt und geübt werden muss.

In einer Rhythmusschulung stehen somit das „Ich", das „Wir" und das „Ihr" in einer konkreten Wechselbeziehung zueinander.
Wie bereits erwähnt, muss sich ein Schüler in einer Rhythmusschulung auf seinen Rhythmus und seine Technik konzentrieren, gleichzeitig jedoch muss er auch die Gruppe beobachten, mit der er den gemeinsamen Rhythmus spielt. Des Weiteren muss er ggf. eine weitere (Improvisations-) Person oder Gruppe im Auge behalten. Zudem ist es notwendig, sich in allen Fällen entsprechend an den richtigen Stellen und konform einzubringen. Eine Rhythmusschulung fördert somit u. a. die Aufmerksamkeit und die Konzentration, sie fördert die Arbeit und die Kommunikation in der Gruppe, sie regt an zu Improvisation und fördert damit die Kreativität. Das gegenseitige „Aufeinander-angewiesen-Sein" wird in kaum einem anderen Bereich so deutlich wie in der Rhythmusschulung, es sei nochmals daran erinnert: Ein Schüler, der in einer Trommelperformance eher fertig ist, liegt genauso falsch wie derjenige, der später ankommt.
Wie bereits oben angesprochen, sollte mit einer Rhythmusschulung bzw. mit dem Training der Aufmerksamkeit und der Wahrnehmung sowie der Konzentration so früh wie möglich begonnen werden. Es empfiehlt sich gleichermaßen, diese Rhythmusschulung, auch in kleinen Portionen, z. B. als „Warm-up" bzw. Bewegungspause[1] so oft wie möglich durchzuführen.
Bewegungspausen können den Unterricht zum einen auflockern. Zum anderen können sie als Übungseinheiten im Bereich der Wahrnehmung und der Aufmerksamkeit im Unterricht dienen.
Oft sind Zeitressourcen aufgrund vorgegebener Lehrinhalte sehr begrenzt und daher ist ein Wahrnehmungs- und Aufmerksamkeitstraining nur eingeschränkt möglich. Ich plädiere daher dafür, die Rhythmusschulung grundsätzlich in den Unterricht sinnvoll als Kurzübungsphase zu integrieren. Es können dabei u. a. genauso „Musikstoppspiele"[2] eingesetzt werden wie „bewegte Geschichten"[3] oder „Warm-ups"[4]. Auch ein rhythmisches „Begrüßungsritual"[5] in Form einer Körperpercussion, das in jedem Fach zu Beginn der Stunde ausgeführt werden kann, ist ein kurzes Wahrnehmungs- und Aufmerksamkeitstraining. Die Abfolge des Trommelns auf verschiedenen Körperteilen und ggf. Alltagsgegenständen wie Tischen, Stühlen und Fußboden fordert von den Schülern bereits Aufmerksamkeit in der eigenen motorischen Ausführung und das Wahrnehmen der Gruppe. Dieses Trommeln zu Beginn der Stunde, aber auch als Bewegungspause, macht Spaß, die Durchblutung wird angeregt und die Schüler werden so auf die bevorstehende Stunde bzw. Arbeitsphase vorbereitet.

6. Experimentieren und Improvisieren in der Rhythmusschulung

Das Experimentieren und Improvisieren ist für das Lernen von großer Bedeutung.
Experimentieren – lat. experiri = versuchen, erproben – ist der Begriff für Tätigkeiten wie versuchen, prüfen, erproben (Meyer 2008, S. 313). Improvisieren – lat. improvisum = unerwartetes Ereignis – bedeutet, etwas Unvorhersehbares oder Unvorbereitetes zu tun (Glathe/ Krause-Wichert 1997, S. 251). Beide Methoden ermöglichen dem/der Schüler/in eine selbstgesteuerte, handelnde und tiefgehende Auseinandersetzung mit der jeweiligen Fragestellung. In der rhythmischen Schulung improvisieren und experimentieren die Schüler allein, in Paaren und in Kleingruppen mit Rhythmusbausteinen und Klängen. In den Tromme-

---

1 vgl. Baustein 1: Das Warm-up bzw. Bewegungspausen oder: Begrüßungsrituale einmal anders, S. 16 ff.
2 vgl. Baustein 1: Das Warm-up bzw. Bewegungspausen oder: Begrüßungsrituale einmal anders (Musikstoppspiele), S. 30 ff.
3 Z. B. „Wir gehen auf Bärenjagd" von Michael Rosen und Helen Oxenbury. Besonders interessant werden diese Geschichten dann, wenn die Schüler die Geschichte bereits gut kennen und „stumm" spielen, also kein Text mehr erklingt. Eine Klasse ist somit angehalten nicht nur die einzelnen Bewegungsaufgaben ohne verbale Hilfe in richtiger Reihenfolge zu spielen, sondern auch aufeinander zu achten, um die einzelnen Bewegungsabschnitte nicht schneller oder langsamer als die anderen auszuführen.
4 vgl. Baustein 1: Das Warm-up bzw. Bewegungspausen oder: Begrüßungsrituale einmal anders, S. 16 ff.
5 vgl. Baustein 1: Das Warm-up bzw. Bewegungspausen oder: Begrüßungsrituale einmal anders, S. 16 ff.

laktionen innerhalb der Gruppe werden die Schüler bereits zu Beginn angehalten, kleine rhythmische Bausteine, mit in experimenteller Weise herausgefundenen Klängen zu Improvisationsteilen (z. B. bei Taktpausen oder Breaks) auf ihren Körpern zu spielen. Diese Vorgehensweise fördert nicht nur die Kreativität der Schüler, sondern auch die Kommunikation unter den Schülern. Die durch die Experimentierlust der Schüler entstehende anarchische Lebendigkeit selbstgesteuerten Lernens (Meyer 2008, S. 318) wird von den Schülern oftmals als lustvoll erlebt und ist zudem ohne Zweifel der richtige Schritt zu einer guten Förderung.

Das Experimentieren und Improvisieren verfehlen ihre Wirkung nicht, wenn die Ergebnisse vorgestellt und in den Unterricht integriert werden können. So kann der Anteil der Gestaltung des gesamten Unterrichtsprozesses durch die Schüler erhöht und gefördert werden. Ein Unterricht, in dem die zwischen dem Lehrer und den Schülern vereinbarten Handlungsprodukte die Organisation des Unterrichtsprozesses leiten, so wie Meyer (2009, S. 214) es fordert, ist ein Unterricht, der nicht nur die Verantwortlichkeit für einen gelungenen Ablauf des Unterrichts, sondern auch die Verantwortung für die eigene Leistung bei Schülern fordert und fördert.

Ein Begrüßungsritual z. B. bietet eine einfache Möglichkeit, das Experimentieren und Improvisieren und die Ergebnispräsentation zu praktizieren. Es kann verlängert, mit einem Break unterbrochen oder anderweitig verändert werden. Die Regel besagt jedoch, dass wöchentlich nur eine (kleine) Veränderung stattfinden darf, die die Klasse mit wenig Übungszeit sofort umsetzen kann. Die Veränderungsvorschläge werden von einzelnen Schülern oder Schülergruppen außerhalb des Unterrichts erfunden und in der Klasse an einem vorab festgelegten Tag vorgetragen. So kann nach und nach ein vorgegebenes Begrüßungsritual zu einer individuellen Klassenbegrüßung führen, an dessen Veränderung ggf. viele Schüler beteiligt waren.

Die Umsetzung von Hinweisen aus den Schülerreihen zu Veränderungen an den Wahrnehmungs- und Aufmerksamkeitsspielen können Teil der Kreativitätsschulung sein. Es sollte selbstverständlich werden, dass Vorschläge zu einer „Verbesserung" von Spielen u. a. Gehör finden.

In der Improvisation gibt es keine „falschen Bewegungen oder Töne". Alle Aktionen tragen zu einer Improvisation bei, wenn auch einige Bewegungs- oder Klangideen nach der Experimentierphase wieder verworfen werden. Alle, auch die misserfolgsgeplagten Schüler, haben hier eine „Erfolgsgarantie". Dieser Tatbestand führt erfahrungsgemäß zu einer großen Motivation und oft auch zu einer Ideenvielfalt, die gesteuert werden muss. In Kleingruppen kann eine Improvisations- und Experimentiersequenz zu beeindruckenden Ergebnissen führen.

Konzeption des Unterrichtsmodells

Es ist schön, engagierten und motivierten Schülern beim Lernen zuzusehen und irgendwann festzustellen, dass sie etwas dazugelernt haben und nebenbei möglicherweise sehr viel Spaß hatten. Versuchen wir also, unsere Schüler so gut wie möglich und nötig, sinnvoll zu unterstützen, damit sie diese Erfahrung, mit Spaß gelernt zu haben, verinnerlichen und ggf. an andere Schüler weitergeben. Auch wenn die hier dargestellten Beispiele nicht das „Allheilmittel" für unsere veränderten Schüler sein können, so wird der pädagogische Anspruch der ganzheitlichen Förderung bei der Rhythmusschulung in der im Folgenden aufgezeigten Form mit den entsprechenden Beispielen verwirklicht. Dies geschieht u. a. im Spiel (gemeinsames Trommeln) und mit Musik (dem Rhythmus) und durch einen den Schüler achtenden und freundlichen, aber auch fördernden und fordernden Umgang, der eine positive Gefühlslage und damit eine angenehme Unterrichtsatmosphäre schaffen kann. Die Bewegung und das Experimentieren bieten eine gute Möglichkeit, unsere Schüler in ihrem Lernverhalten zu unterstützen.

Eine Rhythmusschulung, wie in diesem Beitrag vorgestellt, arbeitet mit elementaren Bedürfnissen von Kindern und bezieht alle Sinne mit ein. So kann sie Einfluss auf die Aufmerksamkeit und Konzentration sowie, je nach Übung, auf den Ordnungssinn, die Raumorientierung, das Raumdenken, den Gemeinschaftssinn, die Reaktionsfähigkeit und die Merkfähigkeit nehmen.

Durch die Aktivität der Schüler in der Rhythmusschulung kann also zum einen das im Unterricht eher störende, tendenziell unruhige Verhalten von Schülern in produktives Lernverhalten umgewandelt werden und somit positive Auswirkungen auf das weitere Verhalten von Schülern im Unterricht zur Folge haben. Zum anderen schult diese spezielle Form des Wahrnehmungs- und Aufmerksamkeits- bzw. Konzentrationstrainings die Lernvoraussetzungen und unterstützt somit das Lernen. Damit ist die hier exemplarisch dokumentierte Rhythmusschulung eine ganzheitliche Förderung, die zudem auch Spaß macht.

Je früher eine altersangepasste[1] Wahrnehmungs- und Aufmerksamkeitsschulung stattfindet, desto früher kann auf die ausgebildeten Fähigkeiten zurückgegriffen und aufgebaut werden. Aus diesem Grund sollte so früh wie möglich mit der Schulung und ggf. dem Einüben dieser Lernvoraussetzungen begonnen werden. In diesem Kontext kann die Rhythmusschulung einen wichtigen Beitrag leisten.

In diesem Heft werden unterschiedliche Beispiele für die Praxis aus der Rhythmusschulung angeführt.

Baustein 1 beschäftigt sich mit unterschiedlichen Begrüßungsritualen. Rituale sind eine Möglichkeit, Unterricht zu strukturieren und finden in der Regel in beinahe jedem Unterricht Verwendung. Die hier aufgezeigten Begrüßungsrituale sind für den Musikunterricht konzipiert. Allerdings sind sie auch im Unterricht anderer Fächer einsetzbar. Möglich wird dies durch die kleinschrittige Darstellung, die es auch fachfremden Lehrern und Lehrerinnen erlaubt, sich solche musikalischen Begrüßungsrituale anzueignen.

[1] Eine Rhythmusschulung kann in jedem Alter angeboten werden. Sie ist aber auf das jeweilige Alter angemessen abzustimmen. Praxissammlungen für Kindergarten- und Grundschulkinder, wie sie beispielsweise in dem Projekt PAPI der Universität Paderborn oder in dem Konzept Bewegungs-Bildung in Kindertageseinrichtungen von Heim/Goldenbaum beschrieben werden, können für die Rhythmusschulung herangezogen werden. Auch Übungssammlungen aus dem Bereich der „Rhythmik als Methode" können eine Rhythmusschulung unterstützen. Durch Variationen können diese Übungen im Schwierigkeitsgrad reduziert oder erschwert und somit dem jeweiligen Leistungsniveau der Schüler angepasst werden.

Der **Baustein 2** setzt sich mit dem Drum-Circle auseinander. Hier wird ausgewiesene Rhythmusschulung betrieben und an unterschiedliche Rhythmusinstrumente herangeführt. Gerade Rhythmusinstrumente üben eine hohe Anziehungskraft auf Schülerinnen und Schüler aus, da sie meist ohne größere Vorkenntnisse gespielt werden und die Ergebnisse sich hören lassen können. Es werden in diesem Baustein unterschiedliche Rhythmusinstrumente und Alltagsmaterialien genutzt, um in einem größeren Maßstab Sinnesschulung zu betreiben und zugleich die Körpermotorik zu schulen.

Über das Instrument Stimme verfügt jeder Schüler und jede Schülerin. Der **Baustein 3** widmet sich im umfänglichen Maße diesem Instrument. Der Baustein „spielt" mit „Namen", die später durch die Namen von Schülerinnen und Schülern ergänzt oder auch ersetzt werden können. Daher bieten die Übungen dieses Bausteins auch die Möglichkeit, im neuen Klassenverband einander kennenzulernen. Darüber hinaus werden Satzgefüge rhythmisch aufgearbeitet. Nach dem Vorbild der beispielhaft aufbereiteten Sätze können eigene Satzgefüge rhythmisiert werden.

Dem rhythmischen Umgang mit Alltagsgerätschaften ist der **Baustein 4** gewidmet. Gerade dieser rhythmisch-musikalische Umgang mit Alltagsgegenständen („Stomp") hat sich im Musikunterricht etabliert. Der vorliegende Baustein liefert eine beispielhafte Schritt-für-Schritt-Anweisung, wie man eine solche Unterrichtseinheit angeht und gestaltet, sodass Schülerinnen und Schüler in den Stand versetzt werden, eigenverantwortlich mit Gegenständen rhythmisch zu experimentieren.

Baustein 1

Das Warm-up bzw. Bewegungspausen oder: Begrüßungsrituale einmal anders

Im einleitenden Teil wurde bereits darauf hingewiesen, dass bei unseren Schülern immer wieder eine gewisse Unruhe festzustellen ist. In den fortgeschrittenen Schulstunden sinkt gerade bei jüngeren Schülern die Konzentrations- und Aufmerksamkeitsbereitschaft. Durch spezielle Warm-ups bzw. Bewegungspausen kann dieser Tendenz zumindest teilweise entgegengewirkt werden.
Diese Warm-ups basieren auf der Grundlage der Rhythmusschulung und sind Konzentrations- und Aufmerksamkeitsübungen, die als aktive Bewegungspausen in jeden Unterricht mit einfließen können – sie können aber auch eine Unterrichtsstunde einleiten und ggf. als Ritual den Unterrichtsstunden vorangeschaltet werden. Gerade der Beginn einer Unterrichtsstunde ist nicht selten von Unruhe gekennzeichnet.
Ein Warm-up kann sehr unterschiedlicher Art sein, z. B. ein kurzer rhythmisch gesprochener Begrüßungsvers, der durch Klatschen, Patschen und Stampfen begleitet wird, oder ein Klatsch-Patschspiel u.Ä. Es dient dazu, die Schüler zu Beginn des Unterrichts zu „sammeln" und auf den folgenden Unterricht vorzubereiten. Warm-ups bieten zudem die Möglichkeit, auf die in den vorherigen Stunden bereits erlernten Fähigkeiten zurückzugreifen, sodass diese wiederholt und gefestigt werden. Auch eine in den vorherigen Stunden erarbeitete Trommelperformance, in der als Instrument der Körper und/oder Alltagsgegenstände dienen, die nach Belieben von Schülern erweitert werden können, ist als Warm-up geeignet. Der Unterrichtseinstieg in dieser Form macht Spaß, schult die rhythmische Fertigkeit und bereitet zudem auf das Trommeln in den Gruppen vor.

1.1 Überblick: Das Warm-up

Definition	Das Warm-up ist eine kurze rhythmische Handlung in der Gruppe, die als Ritual zu Beginn der Stunde oder als Bewegungspause in konzentrationsschwachen Phasen ausgeführt werden kann.
Chancen und Ziele	Das Warm-up kann eine rhythmische Sequenz vorbereiten oder erlernte Sequenzen spielerisch wiederholen. Es bereitet so auf die bevorstehende Stunde vor und kann den Unterrichtsbeginn ordnen.
Geeignete Anlässe	Der Beginn eines beliebigen Unterrichts (fächerübergreifend) kann durch ein Warm-up erleichtert werden. Das Warm-up kann als Bewegungspause und damit zur Förderung der Aufmerksamkeit und der Konzentration eingesetzt werden.
Mögliche Probleme	Ist ein Warm-up zu schwer, verliert es seine Funktion. Die Schüler werden frustriert.

Worauf Sie achten sollten ...	Ein Warm-up sollte so leicht sein, dass jeder Schüler es problemlos ausführen kann. Es ist an die Leistungsfähig- und -fertigkeit der Schüler anzupassen. Komplexe Rhythmen sollten über mehrere Stunden in „kleinen Häppchen" angeboten und anschließend zusammengeführt werden.
Materialien	Ein Warm-up benötigt je nach Übung: ausreichend Platz zum Gehen (z. B. Gymnastikraum), Alltagsgegenstände wie Tische, Stühle, einen klingenden Fußboden und den Körper als Trommel.

1.2 Ausgewählte Beispiele zum Warm-up

1.2.1 Begrüßung einmal anders

Es ist angenehm und respektvoll gleichermaßen, wenn zu Beginn eines Zusammentreffens unterschiedlicher Personen eine freundliche Begrüßung erfolgt. In der Schule bzw. Klasse findet eine Begrüßung derart statt, dass die Schüler an ihren Tischen stehen. Zunächst begrüßt die Lehrkraft die Schüler, worauf die Schüler oft mit einem gelangweilten „Guten Morgen, Herr/Frau *Name der Lehrkraft*" antworten. Vielleicht kann der Beginn einer Unterrichtsstunde schon so gestaltet werden, dass er zum einen vom ersten Moment an Teil des Unterrichts ist (z. B. als Konzentrations- und Aufmerksamkeitstraining) und zum anderen für die Schüler interessant wird. Die hier aufgeführten Empfehlungen sollen Anregungen geben, wie Begrüßungsrituale anders gestaltet werden können.
Klatsch- und Patschspiele sind bis in die Klasse sechs und hin und wieder auch darüber hinaus attraktive Beschäftigungen. Rhythmisierte Begrüßungen lassen sich in die Kategorie Klatsch- und Patschspiele einordnen und sind, so wie sie hier dargestellt werden, eine Kombination aus anerkennendem, respektvollem „Sich-gegenseitig-Wahrnehmen" und einem perkussiven Anteil, indem die Schüler mehr oder weniger komplexe rhythmische Verbindungen auf ihrem Körper klopfen und sich so auf den Beginn einer (Musik-)Unterrichtsstunde vorbereiten. Eine Begrüßungspercussion in der aufgeführten Form trifft auf das Interesse der Schüler, es macht Spaß und kann somit zu einer angenehmen und offenen Unterrichtsatmosphäre beitragen. Sie kann zu Beginn jeder beliebigen Stunde stehen.
Da i.d.R. im Fachunterricht keine traditionellen Instrumente vorhanden sind, wird in der vorliegenden Ausführung zum Warm-up gänzlich auf Materialien verzichtet. Wir bedienen uns hierbei der Körperpercussion (Körper als Trommel) und vorhandener Gegenstände (Tisch/Stuhl).
Die einzelnen Noten in der Partitur bezeichnen Klänge auf dem Körper (vgl. Legende jeweils im Anschluss der Partitur).
Ein Begrüßungsritual kann ein Warm-up sein. Es ist, wie eingangs bereits erwähnt, vor allem eine Konzentrations- und Aufmerksamkeitsschulung. Des Weiteren bietet ein Warm-up ein Fundament zur Kreativitätsschulung. Beispielsweise kann eine Percussion beliebig von den Schülern erweitert werden. Es können Körperdrehungen, Zungenschnalzer sowie die Einbindung eines Partners oder auch kleine Rappassagen sein. Schüler erfinden gerne Fortsetzungen oder andere Veränderungen der vorgegebenen Klatsch- und Patschverbindungen. In dieser Form könnte die in den Anfängen vorgegebene Begrüßung von der Klasse erweitert, abgewandelt oder neu erfunden und damit eine individuelle Begrüßung einer Klasse erarbeitet werden.
Die aufgezeigten Klatsch- und Patschspiele zur Begrüßung haben einen eingängigen (Hilfs-) Text. Dieser erleichtert oft das Erlernen des rhythmischen Gebildes (vgl. Baustein 3: Mit der Sprache zum Rhythmus, S. 51 ff.), ist aber nicht zwangsläufig in jeder Situation nötig. In

jedem Fall gilt: Der (Hilfs-)Text wird reduziert bzw. fällt weg, sobald alle Schüler den Klatsch-Patschrhythmus spielen können und eine gewisse Sicherheit in der Ausübung der Bewegungskombination haben, sodass nur noch der perkussive Anteil zu hören ist. Dieser (Hilfs-)Text ist jeweils in den im Anschluss der Erklärungen der einzelnen Beispiele abgedruckten Gesamtpartituren enthalten.
An der Erhöhung der Schnelligkeit eines Warm-ups und einer Begrüßungsform oder an deren Erweiterungen arbeiten Schüler i.d.R. sehr gerne. Somit können sie als Rituale über einen längeren Zeitraum durchgeführt und die Vorteile von Wiederholungen (Üben und Festigen der gelernten Technik) genutzt werden. Allerdings sollte darauf geachtet werden, dass die einzelnen Beispiele nicht überstrapaziert und damit langweilig werden. Wenige, sich wiederholende und sich im Schwierigkeitsgrad steigernde Übungspassagen erhalten die Spannung.

1.2.2 Die Herangehensweise

Sicherlich gibt es viele Möglichkeiten, an die folgenden Beispiele heranzugehen und sie mit den Schülern zu erarbeiten. An dieser Stelle sei jedoch, wie an anderer Stelle schon, nur beispielhaft auf eine Vorgehensweise pro Beispiel hingewiesen. Diese wird direkt im Anschluss an die jeweilige Erklärung der Beispiele aufgeführt.

Beispiel 1: Fußballspiel

Die Begrüßung findet in der Form statt, dass zunächst die Schüler von der Lehrkraft begrüßt werden. Anschließend erwidern die Schüler die Begrüßung z. B. mit den Worten „Guten Morgen, Frau/Herr *Name der Lehrkraft.*“ Die Begrüßung der Schüler wird allerdings durch einen kurzen Rhythmus unterbrochen und danach durch eine Körperpercussion über mehrere Takte ergänzt.
Das Beispiel hat fünf Abschnitte:

1. Abschnitt: Begrüßung durch die Lehrkraft: „Ich wünsche euch einen wunderschönen guten Morgen.“
2. Abschnitt: Antwort der Schüler: „Guten Morgen …“
3. Abschnitt: Eintaktiger Klopf-Klatschrhythmus (2 x auf dem Tisch klopfen, 1 x in die Hände klatschen)

Takt 2

4. Abschnitt: „… Frau/Herr *Name der Lehrkraft.*“
5. Abschnitt: Zusammenhängende Körperpercussion.

Takt 4 bis 6

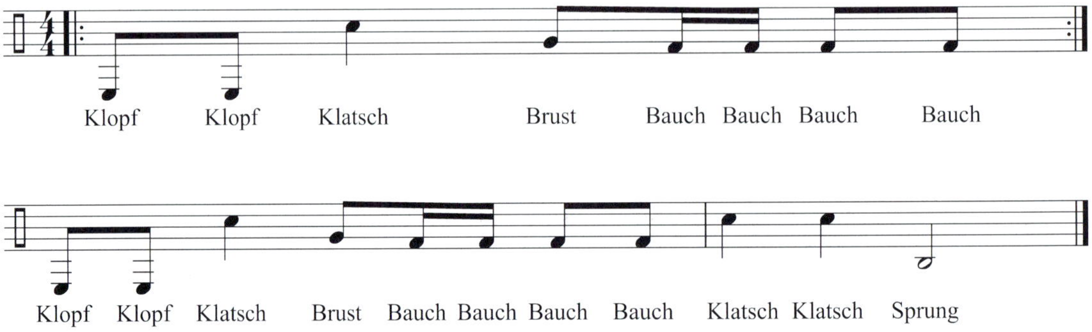

Der Sprung am Ende der Körperpercussion kann ersetzt werden durch ein lautstarkes Auf-den-Stuhl-Setzen. Eine kurze Phase der absoluten Stille nach dem letzten Ton der Körperpercussion (Sprung bzw. Hinsetzen) erhöht den Hörgenuss!
Organisationsform: Die Schüler stehen *hinter* ihren Tischen und *vor* ihren Stühlen.
Herangehensweise: Es empfiehlt sich, den perkussiven Part zunächst abgekoppelt von der Begrüßung durch Imitationslernen und gleichzeitigem lauten Mitsprechen des Hilfstextes zu üben. Der Hilfstext wird im Verlauf des mehrschrittigen Übungsprozesses sukzessive durch leiseres Sprechen und Weglassen von Wörtern zurückgenommen.
Wenn nicht explizit darauf hingewiesen wird, erfolgen zwischen den einzelnen Schritten keine verbalen Erläuterungen, denn sie ergeben sich durch deutliches und geduldiges Vormachen. Sollten Schüler nicht gleich die richtige Ausführung imitieren, wird dieser Part, ggf. in langsamerem Tempo, wiederholt.

■ *Ich spiele euch einen Rhythmus vor, ihr macht ihn auf mein Zeichen nach.*

1. Schritt: Takt 4 wird durch die Lehrkraft auf den Oberschenkeln mit gleichzeitigem Sprechen des Hilfstextes (Fußballspiel, Schalke 04, ein) gepatscht. Die Schüler wiederholen diesen Takt auf ein Zeichen der Lehrkraft.

Klopf Klopf Klatsch Brust Bauch Bauch Bauch Bauch
Fuß - ball - spiel, Schal - ke 0 4, ein

2. Schritt: Der auf den Oberschenkeln gepatschte Sprechrhythmus von Takt 4 wird auf dem Körper verteilt (Zwei Patscher auf den Oberschenkeln, ein Klatscher, ein Patscher auf der Brust, vier Patscher auf den Bauch). Die Patscher auf den Oberschenkeln und auf der Brust erfolgen mit der rechten und linken Hand gleichzeitig, die auf dem Bauch abwechselnd. Die Schüler wiederholen auf Zeichen der Lehrkraft die Ausführung.
3. Schritt: Takt 4 wird zweimal hintereinander gespielt. Die Schüler wiederholen auf Zeichen der Lehrkraft die Ausführung.
4. Schritt: Die Lehrkraft stellt Takt 5 und 6 vor. Die Schüler wiederholen auf Zeichen der Lehrkraft die Ausführung.
5. Schritt: Takt 2 bis Takt 7 werden hintereinander geklatscht. Die Schüler wiederholen auf das Zeichen.
6. Der Gesamtablauf wird nun durch verbale Erläuterung deutlich gemacht. Die Begrüßung findet im Ganzen statt.

Da dieses Begrüßungsritual in den nächsten Wochen immer wieder wiederholt wird, ist es nicht nötig, bereits bei der Einführung auf eine fehlerfreie Ausführung zu achten. Einige Fehlerkorrekturen können nach und nach erfolgen, andere Fehlerkorrekturen ergeben sich durch die Menge an Wiederholungen von selbst.

Der Gesamtüberblick der Begrüßungspercussion „Fußballspiel" kann aus den beiden folgenden Partituren entnommen werden. Partitur I zeigt den Ablauf mit einem Hilfstext, Partitur II den Ablauf mit der Körperpercussion. Sie ist für den Lehrer als Orientierungshilfe zwecks Erarbeitung des Rhythmus gedacht und dient nicht dazu, sie den Schülerinnen und Schülern diese zugänglich zu machen (z. B. als Folie, Arbeitsblatt).

Partitur I (mit Hilfstext)

Fußballspiel

U. Bredenbeck

Lehrer: Ich wünsche euch einen wunderschönen guten Morgen.
Percussion
Schüler: Guten Morgen … Fuß-ball-spiel … Frau/Herr *Name der Lehrkraft.* Fuß-ball-spiel Schal-ke 0 4 ein
5
Fuß-ball-spiel Schal-ke 0 4 ein Fuß-ball-spiel Schal-ke 0 4 spielt und ge-winnt.

Anmerkung: Der Hilfstext (Fußballspiel, Schalke 04, ein) dient nur als verbale Lernhilfe. Später, wenn der Text sicher in die Körperpercussion übertragen ist, klingt er nicht mehr und wird weggelassen.

Partitur II (mit Körperpercussion)

Fußballspiel

U. Bredenbeck

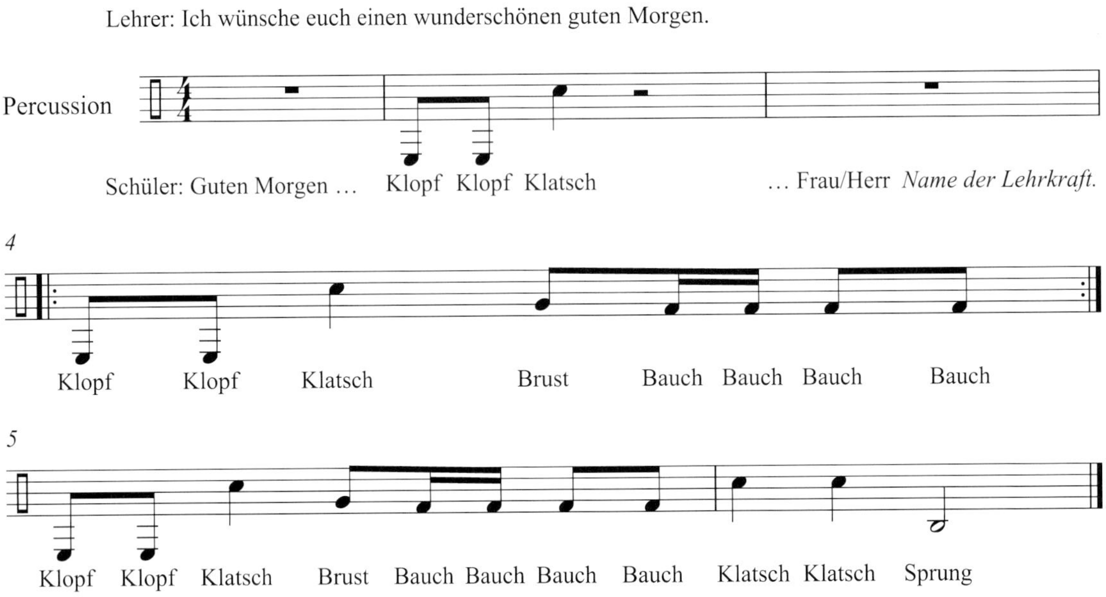
Lehrer: Ich wünsche euch einen wunderschönen guten Morgen.
Percussion
Schüler: Guten Morgen … Klopf Klopf Klatsch … Frau/Herr *Name der Lehrkraft.*
4
Klopf Klopf Klatsch Brust Bauch Bauch Bauch Bauch
5
Klopf Klopf Klatsch Brust Bauch Bauch Bauch Bauch Klatsch Klatsch Sprung

Legende
E = Klopfer auf den Tisch
c = Klatscher in die Hände
g = Patscher auf dem Brustkorb
F = Patscher auf den Bauch
H = Sprung

(Der Einfachheit halber werden in der Legende die Notennamen verwendet, auch wenn die Partitur im Percussionschlüssel steht.)

Beispiel 2: Fahren wir nach Berlin?

Wie im vorherigen Beispiel findet auch hier die Begrüßung in der Form statt, dass zunächst die Schüler von der Lehrkraft begrüßt werden. Anschließend erwidern die Schüler die Begrüßung, z. B. mit den Worten „Guten Morgen, Frau/Herr *Name der Lehrkraft*". Die Begrüßung der Schüler wird ebenfalls durch einen kurzen Rhythmus unterbrochen und danach durch eine Körperpercussion über mehrere Takte ergänzt.
Ähnlich wie in Beispiel 1 ist dieses Beispiel in Abschnitte unterteilt:

1. Abschnitt: Begrüßung durch die Lehrkraft: „Ich wünsche euch einen wunderschönen Guten Morgen."
2. Abschnitt: Antwort der Schüler: „Guten Morgen ..."
3. Abschnitt: Eintaktiger Klopf-Klatschrhythmus (2 x auf den Tisch klopfen, 1 x in die Hände klatschen)

Takt 2

Klopf Klopf Klatsch

4. Abschnitt: „... *Name der Lehrkraft*"
5. Abschnitt: Zusammenhängende Körperpercussion

Takt 4 bis 8

Fah - ren wir nach Ber - lin o - der doch wo - an - ders hin?
Klatsch Patsch Patsch Klatsch Patsch Patsch Klatsch Patsch Patsch Schnips Stampf Stampf Stampf
In Pa - ris o - der Wien ist's be - stimmt ge - nau - so schön.
Klatsch Patsch Patsch Klatsch Patsch Patsch Patsch Patsch Patsch Patsch Stampf Stampf Sitz

Auch hier gilt: Eine Steigerung der Wirkung durch diese Klatsch-Patschkombination kann erzielt werden, wenn im Anschluss an die lautstarke Ausführung dieser Begrüßung die Schüler ca. fünf Sekunden „mucksmäuschenstill" sind.
Organisationsform während des Übungsprozesses: Die Schüler sitzen an Tischen auf ihren Stühlen.
Organisationsform während der Begrüßungsausführung: Die Schüler stehen *hinter* ihren Tischen und *vor* ihren Stühlen.
Herangehensweise: Auch hier wird zunächst der perkussive Part von der eigentlichen verbalen Begrüßung abgekoppelt. Genau wie im ersten Beispiel ist das Imitationslernen gegenwärtig sinnvoll. Da im Gegensatz zu Beispiel 1 in diesem Beispiel 2 ein Text vorhanden ist, kann dieser direkt als verbale Hilfe eingesetzt werden.
Während des in neun Schritten unterteilten Übungsprozesses zu Beispiel 2 gelten in Bezug auf verbale Erläuterungen und Wiederholungen durch die Schüler die gleichen Hinweise wie in Beispiel 1.
Aufgrund der Schwierigkeit in Takt 5 muss er möglicherweise öfter wiederholt werden als andere Rhythmen. Mithilfe von Variationsmöglichkeiten wie Dynamik- und Geschwindigkeitsveränderungen sowie Veränderungen in der Sprache (alles mit ö, ä oder i usw. sprechen) kann auch dieser Übungsteil interessant gestaltet werden.

■ *Ich spiele euch einen Rhythmus vor, ihr macht ihn auf mein Zeichen nach.*

1. Schritt: Takt 4 wird durch die Lehrkraft mit gleichzeitigem Sprechen des Textes (Fahren wir nach Berlin) wie aufgeführt geklatscht und gepatscht. Die Schüler wiederholen diesen Takt auf ein Zeichen der Lehrkraft.
2. Schritt: Der rhythmisch gepatschte und geklatschte Sprechrhythmus von Takt 4 wird mit Takt 5 erweitert. Die Körperpercussion in Takt 5 ist komplexer und für verschiedene Schüler nicht gleich nachzuvollziehen. Somit sollte gerade in der Anfangsphase des Übens mit Umsicht und Geduld und mäßiger Geschwindigkeit vorgegangen werden. Die Schüler wiederholen auf Zeichen der Lehrkraft die Ausführung.
3. Schritt: Ggf. Takt 5 separat mit den o.a. Variationsmöglichkeiten üben.
4. Schritt: Die Lehrkraft stellt Takt 6 vor. Die Schüler wiederholen auf Zeichen der Lehrkraft die Ausführung.
5. Schritt: Takt 6 und Takt 7 werden hintereinander von der Lehrkraft vorgestellt. Die Schüler wiederholen auf das Zeichen.
6. Schritt: Takt 7 wird mehrere Male hintereinander im „Call & Response"-Verfahren gespielt.
7. Schritt: Takt 4 und 5 sowie Takt 6 und 7 werden abwechselnd, auch ohne Sprache und mit den o.a. Variationsmöglichkeiten mehrere Male hintereinander im „Call & Response"-Verfahren geübt.
8. Schritt: Der Gesamtablauf wird nun durch verbale Erläuterung deutlich gemacht. Die Begrüßung findet im Ganzen statt.

Der Takt 8 muss eigentlich nicht geübt werden. Sich geräuschvoll hinsetzen kann im Grunde jeder. Doch das Erzeugen einer anschließenden Stillephase ist gerade für unruhige Klassen eine Herausforderung. Auch das Selbstverständnis sie beizubehalten muss trainiert werden. Daher sollte dieser Takt durchaus mehrere Male je nach Klasse in Verbindung mit den Takten 6 und 7 geübt werden. Um einen Anreiz für die „absolute Stille nach dem Setzen" zu schaffen, könnte die mit einer Stoppuhr gemessene Länge dieser Zeit sein. Ist sie vielleicht das nächste Mal zu reduzieren?
Auch hier gilt: Da dieses Begrüßungsritual in den nächsten Wochen immer wieder wiederholt wird, ist es nicht nötig, bereits bei der Einführung auf eine fehlerfreie Ausführung zu achten. Einige Fehlerkorrekturen können nach und nach erfolgen, andere Fehlerkorrekturen ergeben sich durch die Menge an Wiederholungen von selbst.
Den Gesamtüberblick der Begrüßungspercussion „Fahren wir nach Berlin?" kann der Lehrende bzw. die Lehrende aus der folgenden Partitur entnehmen. Die Klänge auf dem Körper sind aus der Legende entnehmbar.

Partitur

Fahren wir nach Berlin?

U. Bredenbeck

Lehrer: Ich wünsche euch einen wunderschönen guten Morgen.
Percussion
Schüler: Guten Morgen ... Klopf Klopf Klatsch
... Frau/Herr
Name der Lehrkraft.
Fah-ren wir nach Ber-lin
5
o-der doch wo-an-ders hin?
In Pa-ris o-der Wien
ist's be-stimmt ge-nau - so schön.

Legende
E = Klopfer auf den Tisch
c = Klatscher in die Hände
a = Patscher auf den Oberschenkeln
e = Schnipser
F = Patscher auf den Bauch
D = Stampfer
A = Mit Schwung auf den Stuhl setzen

Beispiel 3: Dug Dug Da

Das Beispiel 3 ist den vorhergehenden beiden Beispielen sehr ähnlich. Der Unterschied besteht darin, dass hier eine Percussionssprache genutzt wird. Dieses Beispiel klingt in dreierlei Hinsicht:

- als Körperpercussion mit Sprache
- als Körperpercussion ohne Sprache
- als perkussive Sprache

Es zeichnet sich außerdem dadurch aus, dass eine Sprech-Percussion-Kommunikation zwischen Schülern und Lehrern stattfindet. Die Aufgaben eines jeden an diesem Begrüßungsritual Teilnehmenden sind gerade in der Anfangsphase nicht leicht. Daher ist eine erhöhte Aufmerksamkeit und Konzentration erforderlich.

Wie die bereits vorgestellten Beispiele ist das Beispiel 3 in mehrere Abschnitte unterteilt.

1. Abschnitt: Rhythmisch gesprochene Begrüßung durch die Lehrkraft (Takt 1, „Guten Tag“). Die Schüler antworten mit einer Körperpercussion im Sprechrhythmus:

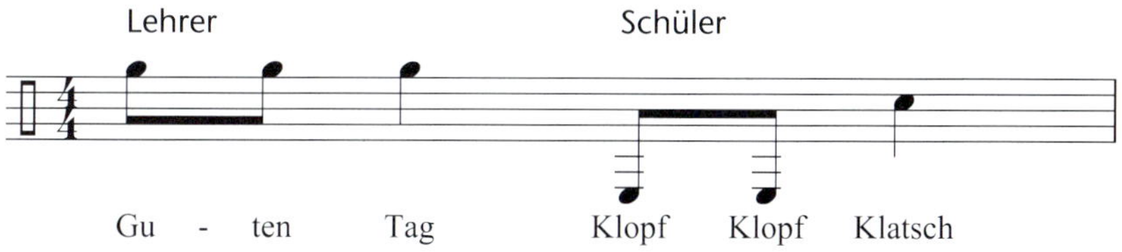
Lehrer
Schüler
Gu - ten Tag Klopf Klopf Klatsch

2. Abschnitt: Fortführung der gesprochenen Begrüßung von der Lehrkraft (Takt 2). Die Schüler antworten mit einer Körperpercussion im Sprechrhythmus:

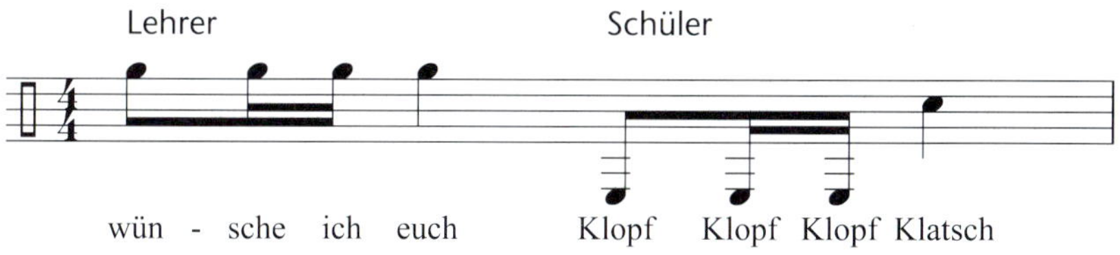
Lehrer
Schüler
wün - sche ich euch Klopf Klopf Klopf Klatsch

3. Abschnitt: Die Schüler begrüßen mit einem rhythmisch gesprochenen „Guten Tag“ (Takt 3). Die Lehrkraft antwortet mit einer Körperpercussion im Sprechrhythmus:

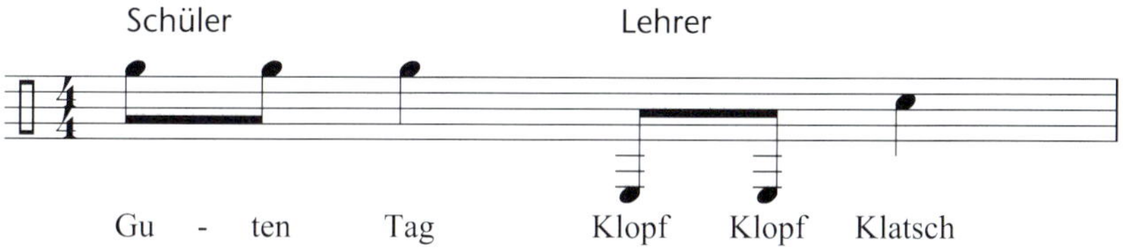
Schüler
Lehrer
Gu - ten Tag Klopf Klopf Klatsch

4. Abschnitt: Die Schüler setzen die gesprochene Begrüßung fort (Takt 4), die Lehrkraft antwortet wieder mit einer Körperpercussion im Sprechrhythmus:

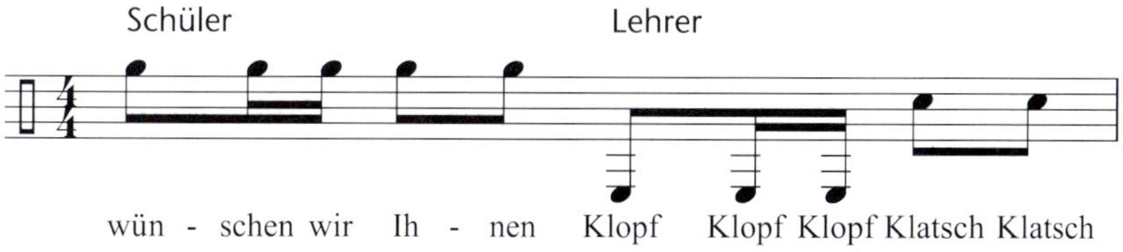
Schüler
Lehrer
wün - schen wir Ih - nen Klopf Klopf Klopf Klatsch Klatsch

5. Abschnitt: Generalpause, in der die Lehrkraft deutlich vier Zählzeiten in Verbindung mit einem Hochzeigen der Finger ruft (Takt 5):

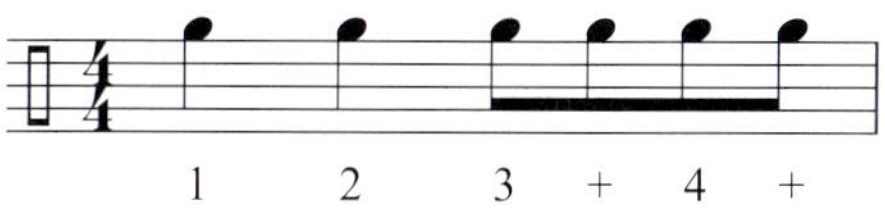
1 2 3 + 4 +

6. Abschnitt: Zusammenhängende Körperpercussion (Takt 6 bis 9), in der alle die Körperpercussion spielen:

Dug Dug Da Dug Dug Da Di del di del did Da del da del dad
3
Dug Dug Da Dug Dug Da Di del di del Da del da del Dums Da Ta

Zusammenhängende Körperpercussion bzw. Percussionsprache

Organisationsform während des Übungsprozesses: Die Schüler sitzen an Tischen auf ihren Stühlen.
Organisationsform während der Begrüßungsausführung: Die Schüler stehen *hinter* ihren Tischen und *vor* ihren Stühlen.
Die **Herangehensweise** für dieses dritte Beispiel ist weitgehend identisch mit denen von Beispiel 1 und Beispiel 2 und erfolgt in mehreren Schritten.
Wiederum wird der Begrüßungspart vom zusammenhängenden Rhythmus abgetrennt und separat geübt:

1. Schritt: Mit dem ersten und zweiten Abschnitt (Takt 1 und Takt 2) wird gleichermaßen vorgegangen. Die Begrüßung durch die Lehrkraft wird rhythmisch gesprochen:

■ *Patscht mit euren Händen auf euren Oberschenkeln nach, was ich euch mit Worten vorspreche.*

a) „Guten Tag" (Takt 1). Die Schüler antworten durch Patschen zunächst auf den Oberschenkeln im Sprechrhythmus,
b) „wünsche ich euch" (Takt 2). Die Schüler antworten wieder im Sprechrhythmus auf den Oberschenkeln.

Viele Schüler neigen dazu, den gesamten Sprechrhythmus mit beiden Händen gleichzeitig zu Patschen. Dabei ist der unter a) zu patschende Rhythmus mit beiden Händen gut – und der unter b) aufgezeigte Part, gerade bei der Achtelpassage, besser und genauer mit abwechselnd patschenden Händen zu spielen. Darauf sollte bei dem Einüben geachtet werden.

2. Schritt: Erst wenn der Sprechrhythmus weitgehend fehlerfrei auf den Oberschenkeln klingt, werden die Klänge wie in der Partitur vorgesehen auf dem Körper verteilt. Die Verteilung der Klänge (Tischklopfer, Klatscher) wird von der Lehrkraft vorgestellt: „Wir verändern die Klänge." Die Schüler machen das Vorbild nach:

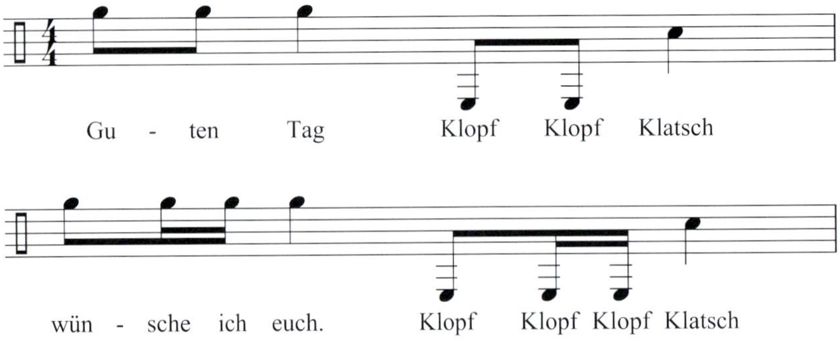
Gu - ten Tag Klopf Klopf Klatsch
wün - sche ich euch. Klopf Klopf Klopf Klatsch

3. Schritt: Die verbale Begrüßung wird nun von den Schülern übernommen: „Könnt ihr mich nun rhythmisch begrüßen, so wie ich euch begrüßt habe?“
   Einzelne Schüler tragen ihre Idee vor. I.d.R. wird sehr schnell die in der Partitur vorgestellte Variante vorgetragen. Diese Idee wird aufgegriffen und von allen Schülern mitgesprochen. Die Lehrkraft patscht bzw. klatscht den von den Schülern gesprochenen Part wie in der Schülerbegrüßung, jedoch schon mit der Körperpercussion.

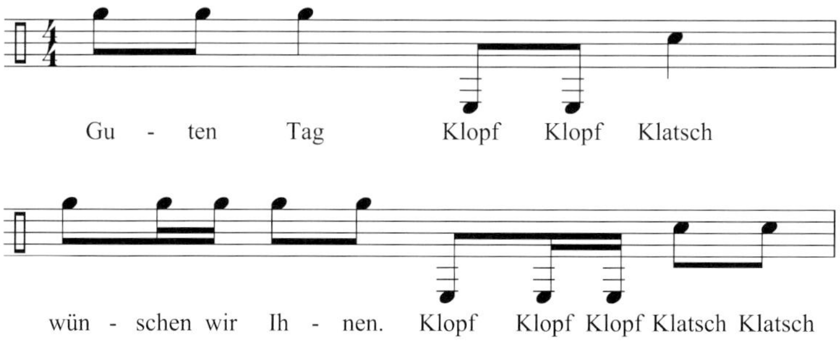
Gu - ten Tag Klopf Klopf Klatsch
wün - schen wir Ih - nen. Klopf Klopf Klopf Klatsch Klatsch

4. Schritt: Die zusammenhängende Percussion wird im gleichen Verfahren erlernt, wie in den vorhergehenden Beispielen beschrieben. Takt für Takt werden die rhythmischen Gebilde in Verbindung mit der Percussionssprache zusammengefügt. Schwer zu spielende und/oder zu sprechende Takte werden ggf. langsamer wiederholt. Können die Takte 6 bis 10 sicher und auch mehrere Male hintereinander gespielt werden, kann nach Belieben, nach vorheriger Absprache mal die Percussionsprache oder mal die Körperpercussion weggelassen werden. So klingt diese Begrüßung über einen langen Zeitraum interessant. Das lautstarke „Auf-den-Stuhl-Setzen“ wird mit einem Auftakt von der Lehrkraft vorbereitet, sodass sich alle Schüler gleichzeitig und geräuschvoll in die Sitzposition begeben können. Auch hier gilt wieder: Anschließend „mucksmäuschenstill“ sein – „Wie lange schaffen wir das?“
   Der Gesamtüberblick der Begrüßungspercussion „Dug Dug Da“ sowie die Klänge auf dem Körper sind aus der folgenden Partitur und der Legende zu entnehmen.

Partitur

Dug Dug Da

U. Bredenbeck

Gu - ten Tag wün - sche ich euch.
3
Gu-ten Tag wün - schen wir Ih - nen. 1 2 3 + 4 +
6
Dug Dug Da Dug Dug Da Di del di del did Da del da del dad
8
Dug Dug Da Dug Dug Da Di del di del Da del da del Dums Da Ta

Legende
g′ = Gesprochener Text
E = Klopfer auf den Tisch
c = Klatscher in die Hände
g = Patscher auf die Brust
F = Patscher auf den Bauch
D = Stampfer
A = Mit Schwung auf den Stuhl setzen

Beispiel 4: Guten Tag

Bei der folgenden Begrüßung handelt es sich um einen Sprechgesang, der mit einer speziellen Körperpercussion begleitet wird.
Organisationsform während des Übungsprozesses: Die Schüler sitzen an Tischen auf ihren Stühlen.
Organisationsform während der Begrüßungsausführung: Die Schüler stehen *hinter* ihren Tischen und *vor* ihren Stühlen.
Bei der **Herangehensweise** sollte auch hier die Begleitung (Körperpercussion mit Hilfstext) und der Text des Sprechgesangs (Guten Tag – Guten Tag …) getrennt voneinander geübt werden. Die Vermittlung der Körperpercussion ist der erste Schritt und der Beschreibung in Beispiel 1 bis Beispiel 3 zu entnehmen. Die Vermittlung des Sprechgesangs erfolgt anschließend in zwei weiteren Schritten:

1. Schritt: Die Körperpercussion wird wie in Beispiel 1 mithilfe eines Textes Takt für Takt durch Imitation gelernt. Unsichere rhythmische Parts werden separat und wortlos ggf. etwas langsamer wiederholt, bis sie sicher von den Schülern gespielt werden können. Sobald die vier Takte sicher auf dem Körper gespielt werden, können sie von den Schülern erst zweimal, später mehrere Male hintereinander geklatscht und gepatscht und damit geübt werden.

Körperpercussion mit Hilfstext

Legende
E = Klopfer auf den Tisch
c = Klatscher in die Hände
g = Patscher auf den Brustkorb
F = Patscher auf den Bauch
D = Stampfer

2. Schritt: Im nächsten Schritt wird der Sprechgesang eingeübt. Es bietet sich auch in diesem Fall das Vorgehen durch Vor- und Nachmachen an. Der Sprechgesang ist in zwei mal vier Takte aufzuteilen. Die ersten vier Takte können in Folge von der Lehrkraft vorgestellt und anschließend von den Schülern wiederholt werden. Danach werden die nächsten vier Takte geübt. Es wird für die Schüler leichter, wenn die Takte fünf und sechs und später sieben und acht separat geübt werden. Erst wenn alle einzelnen Teile des Sprechgesangs sicher sind, werden sie hintereinander gesprochen. Die Folie 1 „Sprechgesang ‚Guten Tag'", S. 37, auf der die Schüler den Text nachvollziehen können, unterstützt den Lernprozess.
3. Schritt: Wird sowohl die Körperpercussion als auch der Sprechgesang weitgehend fehlerfrei ausgeführt, kann der Sprechgesang durch die Körperpercussion erweitert werden. Das gleichzeitige Sprechen des Sprechgesangs und das Begleiten mit der Körperpercussion stellt allerdings eine hohe Anforderung an Konzentration, Aufmerksamkeit und Leistungsfähigkeit bzw. Leistungsfertigkeit dar. Deshalb sollte hier je nach Leistungsniveau der Klasse auch die Möglichkeit eingeräumt werden, den Sprechgesang und die Körperpercussion zunächst von zwei Gruppen spielen zu lassen. Gegebenenfalls kann auch die Folie 2 „Gesamtpartitur ‚Guten Tag'", S. 38, eingesetzt werden, um eine bessere Orientierung zu ermöglichen.

Beispiel 5: Bewegungsspiel zum Spüren des Beats

Sowohl als Warm-up als auch als Bewegungspause bietet sich ein Ratespiel an, das die unterschiedlichen Perkussionsinstrumente[1], die die Schüler bereits kennengelernt haben, in Erinnerung ruft. Im Raum verteilt, auf Regalen und Schränken oder Fensterbänken, stehen unterschiedliche Perkussionsinstrumente. Die Lehrkraft spielt einen einfachen Rhythmus zum Gehen auf der Trommel z. B.:

Die Aufgabe der Schüler ist nun folgende:

- *Hört euch den Trommelrhythmus an und geht genauso schnell, wie der Rhythmus klingt. Stellt gleichzeitig fest, wo welche Instrumente liegen und merkt euch die Standorte.*

Unter Einbeziehung der gesamten Raumgröße gehen die Schüler zur Musik in unterschiedliche Richtungen und betrachten die Standorte der verschiedenen Instrumente innerhalb des Raumes genau.
Beim Musikstopp bleiben alle Schüler stehen und schließen die Augen. Es wird nun nach der Position eines bestimmten Perkussionsinstrumentes im Raum gefragt:

- *Wo befindet sich die Conga?*

Die Schüler zeigen mit geschlossenen Augen in die Richtung, in der sich das erfragte Instrument befindet. Auf das Signal eines Langklingers[2] öffnen die Schüler ihre Augen und kontrollieren jeder für sich, ob sie richtig lagen.

Beispiel 6: Ein rhythmisches Spiel zum Verteilen und Kennenlernen der Instrumente

Das Verteilen von Instrumenten ist oft eine erste Hürde für den Beginn eines Musikunterrichts. Instrumente, insbesondere Trommeln, sind attraktiv und jeder Schüler möchte gerade zu Beginn so eines Ausbildungsabschnitts so schnell wie möglich ein Instrument ausprobieren. Nicht selten sind an dieser Stelle die ersten Probleme vorprogrammiert.

In dem folgenden Spiel sollen sich die Schüler aus bereitgestellten Perkussionsinstrumenten (Trommeln, Klangstäben, Rasseln u.v.a.m. – ggf. auch in Eigenarbeit angefertigte Instrumente) ein Instrument aussuchen. Diese Instrumente sind bereits vor Stundenbeginn in der Mitte des Raumes aufgestellt. Wenn mit unterschiedlichen Instrumenten gearbeitet wird, ist darauf zu ach-

[1] Viele Warm-ups eignen sich als Bewegungspause für praktisch alle Unterrichtsfächer. An dieser Stelle werden anstatt der Perkussionsinstrumente, fachspezifische Gegenstände aus dem jeweiligen Fach genutzt. Z. B. liegen für das Fach Mathematik Gegenstände wie Lineal, Zirkel, Rechenmaschine usw. im Raum verteilt.

[2] Schellen, Becken, Metallophon bzw. Metallstäbe, Triangel u. Ä.

ten, dass mehr Instrumente als Schüler vorhanden sind. Damit auch der letzte Schüler den Eindruck hat, sich ein Instrument ausgesucht zu haben, sollte es zum Ende des Wahlverfahrens ebenfalls eine Instrumentenauswahl geben, wenngleich nicht alle Instrumentenarten vertreten sein müssen. Im Abstand von mindestens zwei Metern zu den Instrumenten sind Stühle gemäß der Anzahl der Trommelteilnehmer gestellt.
Bereits das Verteilen der Instrumente ist Inhalt der Trommelperformance. Die Schüler sitzen auf ihren Stühlen im Halbkreis oder Kreis um die Instrumente herum. Auch die Lehrkraft sitzt in diesem Halbkreis oder Kreis und trommelt einen einfachen Trommelrhythmus in einem gleichmäßigen Tempo, z. B.:

Dazu zählt sie wiederholt jeweils bis acht ohne Pause.
Auf der eins der acht Zählzeiten schaut der Übungsleiter einen Schüler oder eine Schülerin deutlich an. Die Aufgabe des angeschauten Schülers ist nun, sich innerhalb der nächsten sieben Zählzeiten (je nach Bedarf oder Absprache auch mehr) ein Instrument aus der Mitte des Kreises auszusuchen, es an seinen Platz zu bringen und sich wieder zu setzen. Anschließend beginnt der Schüler sofort, den von der Lehrkraft vorgegebenen Rhythmus mitzuspielen. Die Arbeitsanweisung vor Beginn dieses Prozesses für die Schüler kann wie folgt lauten:

- *Wenn ich dich anschaue, gehe in die Mitte, nimm dir ein Instrument deiner Wahl und trage es an deinen Platz. Spiele dann meinen Rhythmus auf deinem Instrument mit.*

Der Vorgang, durch Blickkontakt die Schüler zur Handlung aufzufordern, wird wiederholt, bis alle ein Instrument haben.
Ist den Schülern das Prozedere der Instrumentenverteilung bekannt, kann das Zählen ausbleiben. Die Aufforderung zum Auswählen eines Instruments in Form eines Blickkontaktes kann schneller erfolgen, sodass auch zwei bis drei Schüler gleichzeitig in der Kreismitte ein Instrument wählen. Je nach Situation kann der nonverbale Aufruf zur Instrumentenwahl auch verlangsamt werden. Der Vorteil dieses organisierten Instrumentenverteilens ist, dass der Prozess der individuellen Situation angepasst werden kann und sowohl strukturiert als auch ruhig verläuft.

Beispiel 7: Ein Klatschspiel für eine Körperpercussion *(Fliegen fangen)*

Die Schüler stehen im Kreis. Die Lehrkraft „schickt" einen Klatscher in eine Richtung durch den Kreis:

- *Klatscht so schnell wie möglich nacheinander, niemand wird ausgelassen.*

Nach dem ersten Durchgang wird erneut ein Klatscher in den Kreis geschickt. Ist dieser auf der anderen Seite des Kreises, schickt die Lehrkraft einen zweiten in die Runde:

- *Fangt den ersten Klatscher, aber lasst keinen Schüler aus.*

Je nach Leistungsniveau kann ein dritter Klatscher losgeschickt werden, der die anderen beiden einholen soll.

Beispiel 8: Bring die anderen aus dem Takt!

Ein Rhythmus in einem gleichmäßigen mittleren Tempo wird vorgegeben, z. B.:

Alle Teilnehmer nehmen den Rhythmus auf[1] und spielen ihn fehlerfrei, ohne dabei langsamer oder schneller zu werden. Auf Blickkontakt wird ein Schüler aufgefordert, die anderen durch *sein* Spiel durcheinander und aus dem Takt zu bringen: „Bring uns aus dem Takt." Das Spiel ist beendet, wenn dieser Schüler bei seiner „Störaktion" Erfolg hatte oder eine Gruppe eine Zeit lang standhaft gegen alle Versuche blieb, sie aus dem Takt zu bringen. Dann beginnt das Spiel wieder durch Blickkontakt von vorn.

Beispiel 9: Musikstoppspiel

Das gute alte Musikstoppspiel erfreut sich auch heute noch großer Beliebtheit. Musikstoppspiele können als Bewegungspause, aber auch gezielt als Training der Wahrnehmung und der Aufmerksamkeit bzw. der Konzentration u. a. eingesetzt werden. Dabei kann zum einen die Musik führen: Das heißt, auf Veränderung der Musik reagieren die Teilnehmer, wie in **a)** beschrieben. Zum anderen kann andersherum gearbeitet werden. Hierbei führt eine Person oder eine Personengruppe, und die Musik muss darauf reagieren, vergleiche **b)**.

a) Die Musik führt

Organisationsform: Die Schüler stehen verteilt im Raum (Ausgangsposition). Musik mit einem leichten Rhythmus zum Gehen erklingt. Das kann ein Musikbeispiel im mittleren Tempo von einem Tonträger oder aber auch ein von der Lehrkraft auf der Trommel gespielter „Gehrhythmus" sein, z. B.:

Die Schüler bewegen sich dazu durcheinander im Raum, ohne sich dabei zu berühren oder einen Gegenstand anzustoßen:

- *Geht vorwärts[2] im Rhythmus zur Musik. Friert ein, wenn die Musik stoppt und ein Langklinger erklingt. Taut erst wieder auf, wenn der Langklinger verklungen ist und die Musik erneut ertönt.*

Bewegungsanregungen während der Musik: Gehen (auch auf Zehenspitzen oder Fersen), Hüpfen, Schleichen, Stampfen usw. je nach Musik. Die Bewegungen können vorwärts, rückwärts und seitwärts ausgeführt werden, Ideen der Schüler sind an dieser Stelle aufzugreifen.

Aktion: Die Musik wird angehalten und gleichzeitig erklingt ein Langklinger (Becken, Metallophon o.a.).

Mögliche Aufgaben:

- Die Schüler „frieren ein" und bleiben bewegungslos stehen bis der Beckenklang verklungen ist. Erst dann setzt die Musik wieder ein, und die Schüler bewegen sich wieder im Rhythmus der Musik oder

[1] Je nach Lehreinheit kann hier auf die Körperpercussion oder auf Alltagsmaterialien genauso wie auf eine spezielle Instrumentenauswahl zurückgegriffen werden.

[2] Der verbale Auftrag an die Schüler richtet sich nach Art der Bewegungsaufgabe und kann entsprechend anders lauten, vgl. Bewegungsanregungen während der Musik.

- die Schüler setzen sich so schnell wie möglich auf den Boden oder
- die Schüler stellen, setzen oder legen sich so schnell wie möglich, ohne sich gegenseitig zu berühren an, auf oder in einen vorab festgelegten Ort (an eine Wand/Tür, auf eine Matte/einen Stuhl, in einen Reifen usw.) oder
- die Schüler stellen sich in Paaren so schnell wie möglich Rücken an Rücken, Seite an Seite, beide Hände berühren sich, die Fußsohlen berühren sich etc.

Varianten:

- Beim Musikstopp begrüßen sich die Schüler mit **Blickkontakt** (Blickkontakte variieren in traurige, fröhliche, wütende, gleichgültige Begrüßung usw.).
- Die Schüler überqueren während der Bewegung **Hindernisse** (z.B. einzelne auf dem Boden liegende Seile, Teppichfliesen, Teilnehmer usw.), ohne sie zu berühren und ohne dabei das Schrittmaß zu verlassen.
- Statt eines Musikstopps bleiben die Schüler bei einem bestimmten vorab verabredeten **Teil der Musik** stehen und bewegen sich erst wieder, sobald dieser Teil der Musik vorüber ist. Das kann ein Teil eines mehrteiligen Liedes von einem Tonträger sein (z.B. sich bewegen während des Refrains, stehen während der Strophen), es kann aber auch ein plötzlich auftretendes Tremolo bei dem Einsatz einer Trommel sein.
- Die Schüler **merken sich ihre Ausgangsposition** bei Beginn der Musik. Sie bewegen sich dann im Takt der Musik außerhalb dieser Position, nehmen sie aber am Ende oder bei einem vorab verabredeten Teil der Musik wieder ein.
- Anstatt der vorgegebenen Musik kann alternativ auf einer **Trommel** ein Rhythmus gespielt werden. Der Rhythmus wird von der Lehrkraft gespielt, kann aber auch von rhythmisch sicheren Mitschülern übernommen werden.

b) Die Bewegung führt:

Organisationsform 1: Wie in der vorangegangenen Übung. Eine Lehrkraft steht mit einer Trommel bereit. Die Schüler setzen sich selbstständig in Bewegung und finden ein gleichmäßiges Bewegungstempo.

■ *Achtet auf den Klang des Langklingers. Solange er klingt, bleibt ihr eingefroren, ist er nicht mehr zu hören, setzt euch in Bewegung. Findet dann ein gleichmäßiges Bewegungstempo.*

Bewegungsanregungen während der Musik: Wie in der vorangegangenen Übung, jedoch sollte bei der Wiederholung der Übung verstärkt auf Tempovariationen geachtet werden:

■ *Achtet auf den Klang des Langklingers. Solange er klingt, bleibt ihr eingefroren, ist er nicht mehr zu hören, setzt euch in Bewegung. Findet dann ein schnelleres (langsameres) Bewegungstempo als im vorherigen Durchgang.*

Aktion: Ein Langklinger erklingt.

Mögliche Aufgaben:

- Die Schüler bleiben so lange in ihrer Ausgangsposition, bis der Klang des Langklingers verklungen ist. Anschließend setzen sie sich auf Blickkontakt in Bewegung. Wenn sich alle Kinder im gleichen Tempo bewegen, nimmt die Lehrkraft das Tempo mit der Trommel auf.
- Ein Schüler übernimmt die Führungsposition. Alle anderen orientieren sich an diesem einen Schüler. Sie bleiben so lange in ihrer Ausgangsposition, bis der Klang des Langklingers verklungen ist und sich der ausgewählte Schüler in Bewegung setzt. Alle nehmen dessen Tempo auf und behalten es bei. Dieses Tempo wird von der Trommel aufgegriffen und gespielt.
- Übung wie vorher, jedoch übernimmt eine Schülergruppe die Führung.

Organisationsform 2: Die Schüler sitzen im Kreis. Jeder Schüler hat einen Schlägel, das zu spielende Instrument ist der Fußboden. In der Mitte des Kreises befindet sich die Lehrkraft. Sie läuft mit großen, kleinen, langsamen oder schnellen Schritten oder steht still und variiert zwischen den Tempi. Je nach Schrittgeschwindigkeit führen die Schüler im Schrittrhythmus der Lehrkraft Trommelschläge aus. Bleibt sie stehen, schweigen die Schlägel:

- *Trommelt mit euren Schlägeln so schnell auf den Boden, wie ich gehe. Achtet dabei auf meine Geschwindigkeit.*

Die Aufgabe der Lehrkraft kann an einen Schüler weitergegeben werden.

Beispiel 10: Wahrnehmungs- und Erinnerungsspiele mit Musik

Im Folgenden werden drei Beispiele vorgestellt, die eine gemeinsame Ausgangsbasis haben: Beispiele 10a, 10b und 10c. Für diese Wahrnehmungs- und Erinnerungsspiele werden nachstehende Materialien benötigt:

- für jeden Schüler ein Stuhl,
- eine Triangel,
- ein Tonträger,
- ein zweiteiliges Lied, welches in der Geschwindigkeit verändert werden kann.

Der in Folie 3, S. 39, aufgeführte dreiteilige Kanon „Johauduai" eignet sich hervorragend für diese Übung und kann hier als Mittel genutzt werden, ohne zunächst auf ihn direkt einzugehen[1]. Dieser Kanon hat drei Teile, die je nach Beschreibung angewendet werden. Er wird zunächst von der Lehrkraft gesungen. Die ausgewählte Musik kann aber auch ein anderes, kurzes Lied oder eine kurze, leicht wiederholbare beliebige Melodie sein.
Des Weiteren wird ein größerer Raum ohne Tische benötigt. Ggf. sind die Tische an die Wände zu stellen, um so mehr Bewegungsraum zu schaffen.

[1] Der Kanon wird durch das wiederholte Hören für die spätere Nutzung vorbereitet.

Organisationsform und Ausgangsposition: Die Schüler sitzen verteilt im Raum auf Stühlen. Der erste Teil des Kanons wird genutzt.

Beispiel 10a:

■ *Geht passend zur Musik im Raum umher, ohne einen anderen Schüler oder einen Stuhl zu berühren, mit dem letzten Ton der Musik setzt euch auf einen beliebigen Stuhl.*

Die Musik ertönt, alle Schüler gehen im Raum umher, bei dem letzten Ton der Wiederholung sitzen alle Schüler auf einem Stuhl[1].

Jo hau - du - ai - du - ai du - du - - - jo
hau - du - ai du - ai ee jo ee
1.
2.
Letzter Ton

Die Übung wird mehrere Male wiederholt. Dabei variiert die Bewegungsart während der Musik mit jedem Durchgang zwischen Vorwärts-, Rückwärts-, Seitwärts- und Hüpfbewegungen: „**Geht seitwärts,** solange die Musik ertönt, und setzt euch mit dem letzten Ton auf einen beliebigen Stuhl." „**Geht rückwärts** ...", „**schleicht** ...", „**stampft** ..." usw.

Erweiterung:

■ *Geht passend zur Musik im Raum umher, ohne einen anderen Schüler oder einen Stuhl zu berühren, mit dem letzten Ton der Musik setzt euch auf einen beliebigen Stuhl* *und schließt die Augen*. *Öffnet sie erst wieder auf mein Signal.*

Die Schüler gehen wie angewiesen im Raum umher (auch hier variieren die Bewegungsarten) und setzen sich am Ende der Musik auf einen Stuhl. Die Lehrkraft berührt nun einen Schüler und fragt ihn nach seinem Nachbarschüler oder nach Gegenständen im Raum, z. B.:

a) „Wer sitzt hinter dir?" oder „Wer sitzt neben dir?" oder „Wer sitzt vor dir?"
Bei kleineren Kindern kann es hilfreich sein, die Fragen nach den Nachbarkindern mit entsprechenden Berührungen zu verbinden: Berührung am Rücken in Verbindung mit der Frage „Wer sitzt hinter dir?", Berührung an der Schulter in Verbindung mit der Frage „Wer sitzt (an dieser Seite) neben dir?" usw.

b) „Zeige mit dem Finger auf die Wand, an der die Uhr hängt" oder „In welcher Richtung befindet sich die Tafel?" oder „In welcher Richtung befindet sich die Tür?" etc.

Der berührte Schüler zeigt in die erfragte Richtung. Auf einen Triangelschlag öffnen nicht berührte Schüler die Augen und kontrollieren schweigend die Aussagen bzw. Zeigerichtung des berührten Schülers – richtige Ergebnisse werden durch leises Klatschen angezeigt, ohne jedoch das Schweigen zu unterbrechen.
Die Übung wird mehrere Male wiederholt.
Variation: Alle Schüler zeigen mit geschlossenen Augen in die erfragte Richtung. Auf das Signal (Triangelklang) öffnen alle Schüler die Augen und kontrollieren ihre Zeigerichtung.

---
[1] Es können auch zwei Schüler auf einem Stuhl sitzen.

Beispiel 10b:
Im Unterschied zu dem zuvor vorgestellten Reaktions- und Erinnerungsspiel Beispiel 10a, werden in dem folgenden Beispiel 10b nicht die Positionen von Personen und Gegenständen in den Vordergrund gerückt, sondern die Gehwege während der Musik. Sie werden mit Erinnerungsleistungen verbunden.
Auch in diesem Beispiel ist der bereits vorgestellte Kanon Hilfsmittel zur Orientierung. Allerdings kann man an dieser Stelle zwei Teile des Kanons verwenden, Teil A und Teil B. Die Schüler gehen zum Liedteil A einen Weg, den sie sich merken und den sie zum Liedteil B zurückgehen. Beide Strecken gehen die Schüler zunächst vorwärts. Im Verlauf des Spiels kann die Bewegungsart auch verändert werden.
Die Aufgabenstellung erfolgt in zwei Schritten:
1. Schritt:

- *Geht im ersten Teil des Liedes einen Weg und merkt ihn euch genau.*

Liedteil A

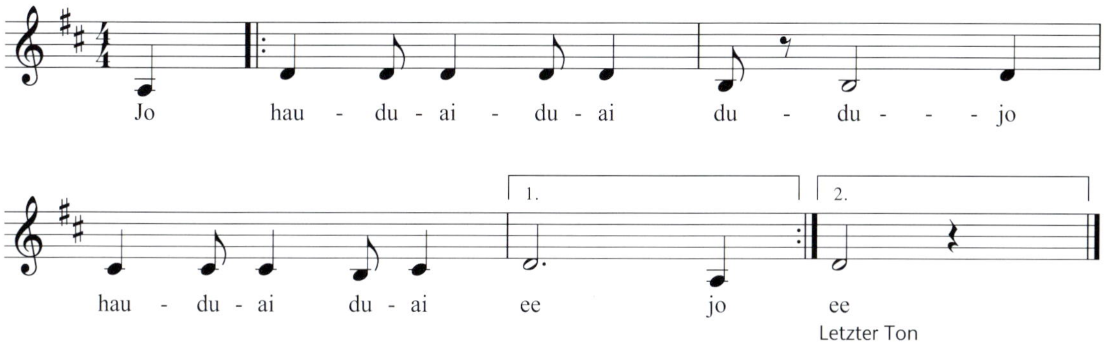

Beispiel für einen Gehweg

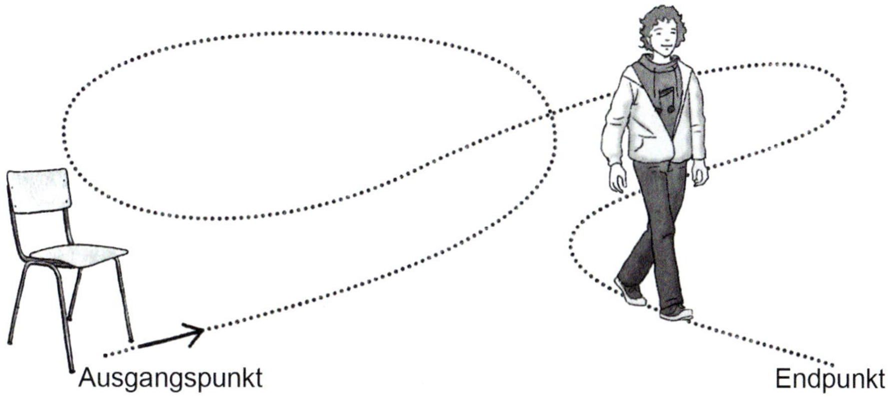

Der Schüler beginnt seine Strecke mit Beginn des Liedes beim Ausgangspunkt am Stuhl. Während der Musik geht er eine beliebige Strecke. Am Ende des A-Teils des Liedes befindet er sich am Endpunkt – wie in der Zeichnung gekennzeichnet.
2. Schritt:

- *Geht zum Liedteil B die gleiche Strecke zurück, mit dem letzten Ton der Musik setzt ihr euch dann auf euren Stuhl.*

Liedteil B

Du - du ai du - du - ai ee du - du -
ai du - du - ai ee du - du ee
1.
2.

Beispiel für den Rückweg

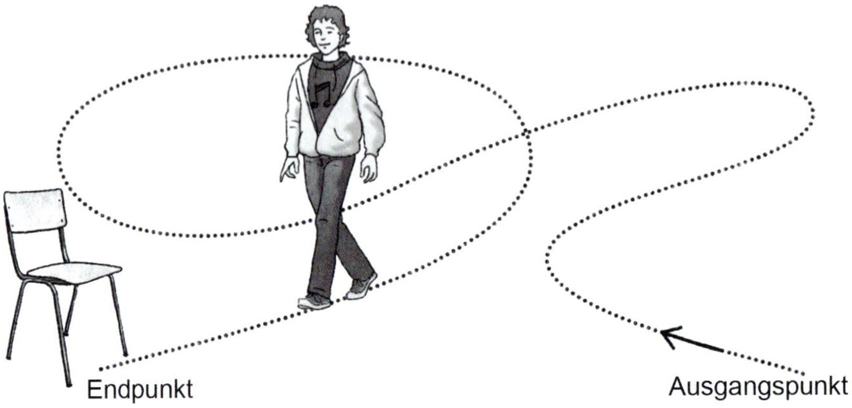
Endpunkt
Ausgangspunkt

Der Schüler startet seinen Rückweg mit Beginn des B-Teils des Liedes. Während der Musik geht er exakt die zuvor abgelaufene Strecke des Hinwegs. Am Ende des B-Teils des Liedes befindet er sich am Endpunkt, der nun der Stuhl ist, wie in der Zeichnung gekennzeichnet. Auch dieses Spiel wird mehrere Male wiederholt.

1. Durchgang: Nach dem Ende des A-Teils des Liedes wird eine kleine Pause eingearbeitet. Die Schüler haben in dieser Pause Zeit, sich ihren „Hinweg" noch einmal in Erinnerung zu rufen und ihn sich andersherum vorzustellen. Erst dann erklingt der B-Teil des Liedes und die Schüler machen sich auf den „Rückweg". Das Ergebnis wird reflektiert:

- *Seid ihr sicher, dass der Rückweg genau die gleiche Strecke war, wie der Hinweg?*

2. Durchgang: Die Strecke wird erneut, aber diesmal bewusst und langsamer gelaufen.

- *Stellt euch vor, ihr hinterlasst auf dem Hinweg unsichtbare Spuren. Auf dem Rückweg müsst ihr diese Spuren zurückverfolgen.*

Auch in diesem Durchgang wird zwischen dem A- und dem B-Teil des Liedes eine Pause eingeschoben.

3. Durchgang: Im dritten Durchgang erklingt die Musik etwas schneller. Die Strecke wird somit auch etwas schneller gelaufen:

- *Achtung, es verändert sich die Geschwindigkeit der Musik. Geht im Rhythmus der Musik dazu, aber vergesst euren Weg nicht.*

Auch die Pause zwischen A- und B-Teil der Musik verkürzt sich.

4. Durchgang: Die Musik läuft im mittleren Tempo, zwischen den Musikteilen gibt es keine Pause mehr:

- *Geht nun den Hinweg und schließt den Rückweg ohne Pause dazwischen an.*

5. Durchgang: Während die Schüler bis hierher ihren Rückweg vorwärts gingen, können an dieser Stelle Variationen erfolgen, wie z. B.:

- *Geht den Hinweg vorwärts und den Rückweg rückwärts.*

oder

- *Geht den Hin- und Rückweg so, dass eure Nase immer in Richtung der Uhr an der Wand zeigt, aber Vorsicht: Achtet trotzdem auf eure Mitschüler und auf Hindernisse.*

Auch Teppichfliesen, Reifen o.a. können an dieser Stelle vielseitig eingesetzt werden, als „Inseln", auf die getreten werden muss, ohne seinen Weg aus den Augen zu verlieren, oder in Form von Hindernissen, die auf keinen Fall betreten werden dürfen, ohne jedoch wiederum seinen Weg zu verlieren.

Beispiel 10c:
Auch dieses Beispiel ist ein Wahrnehmungs- und Erinnerungsspiel, in dem die Schüler die Aufgabe haben, sich in der Ausgangsposition mehrere Präpositionen zu merken und nach einer kurzen Musikphase, in der die Schüler bestimmte Bewegungsaufgaben lösen, die Merkleistung umzusetzen. Das Spiel ist damit in drei Aufgabenbereiche unterteilt:
Aufgabenbereich 1: Die Schüler sitzen auf den Stühlen und erhalten die Problemstellung:

- *Es befinden sich nach der Musikphase eine Hand und ein Fuß unter dem Stuhl und ein Fuß auf dem Stuhl.*

Aufgabenbereich 2: Die Aufgabenstellung für die Musikphase wird erläutert:

- *Geht während der Musik einen beliebigen Weg vorwärts, am Ende der Musik steht ihr wieder an eurem Stuhl.*

Aufgabenbereich 3: Sobald die Musik verklungen ist und damit alle Schüler wieder an ihrem Stuhl stehen, erklingt ein Ton auf einem Langklinger. Er gibt das Zeichen für die gemeinsame Problemlösung der Aufgabe, die in Aufgabenbereich 1 formuliert wurde:

- *Beginnt gemeinsam mit der Lösung der Aufgabe, wenn der langklingende Ton ertönt.*

Das Ergebnis wird kontrolliert. Haben alle Teilnehmer des Spiels die Aufgabe richtig gelöst, beginnt das Spiel von vorn.
Die unten angegebenen Aufgaben sind Anregungen, wie die Problemstellung aussehen könnte. Sie sollten in jedem Fall dem Entwicklungsstand der Schüler angepasst werden.
Die letzte Übung (Übung 20) ist eine hohe Anforderung an die soziale Kompetenz einer Gruppe und sollte erst dann erfolgen, wenn sichergestellt ist, dass die Schüler Verantwortung für ihre Gruppenteilnehmer aufbringen können. Dies muss jeweils vom Übungsleiter/Lehrer eingeschätzt werden.

Die Kinder lösen mit dem letzten Ton der Musik folgende Aufgaben:
1. „Es befinden sich eine Hand und ein Fuß unter dem Stuhl …"
2. „Es befinden sich zwei Hände unter und ein Kopf auf dem Stuhl …"
3. „Es befinden sich eine Hand unter, eine Hand auf und zwei Füße neben dem Stuhl …"
4. …
5. …

Die Aufgaben verändern sich im weiteren Verlauf und mit ihnen die Organisation. Aus Einzelaufgaben werden Gruppenaufgaben. Die Stühle werden nach und nach entfernt:

17. „Es befinden sich drei Füße vor, drei Füße hinter und zwei Köpfe über dem Stuhl …"
18. „Es befinden sich drei Hände unter, ein Po auf, ein Kopf neben, ein Rücken hinter und drei Füße vor dem Stuhl …"
19. „Es befinden sich neun Füße um den Stuhl herum und sieben Hände über dem Stuhl …"
20. „Es befinden sich acht (je nach Gruppenstärke auch mehr) Personen um den Stuhl herum und eine Person über dem Stuhl …"

Variante: Eine erhebliche Erweiterung im Schwierigkeitsgrad ist die nonverbale Kommunikation zwischen den Schülern vor und/oder während der Gruppenaufgaben.

Sprechgesang „Guten Tag"

Guten Tag – Guten Tag

Guten, guten, guten, guten, guten Tag.

Guten Tag, Tag, Tag,

guten, guten, guten Tag,

Guten Tag, guten Tag,

guten, guten, guten Tag.

Gesamtpartitur „Guten Tag"

Guten Tag

Sprechgesang: Unbekannt
Percussionsbegleitung: U. Bredenbeck

Legende
e = Tischklopfer
c = Klatscher in die Hände
g = Patscher auf den Brustkorb
F = Patscher auf den Bauch
D = Stampfer

Gesamtpartitur „Johauduai“

Jo hau - du - ai - du - ai du - du - jo
3
1.
2.
hau - du - ai du - ai ee jo ee Du - du - ai du - du - ai
7
1.
2.
ee du - du - ai du - du - ai ee du - du ee
11
1.
2.
Jem - mi jem - mi jem - mi jem - mi jee.

Baustein 2

Das Trommeln im Drum Circle

(Eine Methode zum Trommeln in Gruppen)

2.1 Einleitung

Der Landesverband der Musikschulen Schleswig-Holstein versucht zu Recht seit einigen Jahren mit seinem Projekt „Rhythmus in die Schule“ perkussiven Klassenunterricht in die Schulen zu tragen. Die Initiatoren versprechen sich davon eine deutliche Verbesserung der Unterrichtssituation, bietet die Rhythmusschulung doch neben der immer wieder im Fokus des Geschehens stehenden Zusammenarbeit der Schüler eine nicht zu unterschätzende Möglichkeit der Aufmerksamkeits- und Konzentrationsschulung.
Auch Trommeln im Drum Circle ist eine Rhythmusschulung. Die Beschreibung dieser besonderen Art des Trommelns folgt hier drei zentralen Fragen:

- Was ist der Drum Circle?
- Welche Möglichkeiten bietet der Drum Circle?
- Wie kann mit dem Drum Circle gearbeitet werden?

Was ist der Drum Circle?

Der Drum Circle ist eine besondere Art des gemeinsamen Trommelns, an der alle Trommelteilnehmer einer Gruppe, dies kann auch eine Klasse in normaler Klassenstärke sein, gleichermaßen beteiligt sind. Ein vorgegebener Rahmen steckt die Möglichkeiten ab. Die Schüler können im Rahmen dieser vorgegebenen Möglichkeiten rhythmische Patterns[1] in der Gruppe vor- oder nachtrommeln, in Kleingruppen oder allein ihr Instrument ausprobieren und ggf. darauf „improvisieren“ sowie damit in der Gruppe musikalisch „kommunizieren“. Der Drum Circle arbeitet geschickt mit dem Wechsel von „Großgruppen-“, „Kleingruppen-“ und „Soloklang“, sodass in jeder Situation, auch bei einem Solospiel, alle Teilnehmer beteiligt sind: als aktive oder als passive Spieler, die jeden Moment ihren Einsatz erwarten. Es ist ein strukturiertes Trommeln, in dem trotz einer trommelnden Großgruppe jeder Schüler individuell sein Instrument kennenlernt.

Welche Möglichkeiten bietet der Drum Circle?

Neben zahlreichen schulrelevanten Möglichkeiten, die der Drum Circle bietet, soll an dieser Stelle nur eine Auswahl aufgezeigt werden.
Perkussiver Klassenunterricht kann eine unangenehme akustische Herausforderung werden, sobald er nicht gut vorbereitet ist. Schüler wollen wissen, wie ihr Instrument klingt und vor allem, wie laut es ist. Das in anderen Fachbereichen wohlgemeinte und sinnvolle Experimentieren artet bei einem perkussiven Klassenunterricht nicht selten in ein wildes Durcheinandertrommeln aus. Diese Art von „Trommeleindruck“ gefällt auf Dauer keinem Beteilig-

1 Patterns sind sich immer wiederholende rhythmische Gebilde.

ten. Der Drum Circle bietet hier die Möglichkeit, einen geordneten Einstieg in das gemeinsame Trommeln inklusive eines Experimentierens zu gewährleisten.
Da Perkussionsinstrumente, insbesondere Trommeln, einen großen Aufforderungscharakter haben, und viele Schüler an diesen Instrumenten kaum zu bändigen sind, sollten Schüler auf der einen Seite frei und auf der anderen Seite trotzdem gebunden trommeln. Die Methode des Drum Circles zeigt eine solche Zwischenlösung auf. Der Drum Circle bietet hierbei die Möglichkeit, zwei Interessen zu vereinen: das Interesse der Schüler, die die Instrumente schnell nutzen wollen, mit dem Interesse der Leitung, die mit den Schülern ein geordnetes Trommeln und einen akustischen Hörgenuss erarbeiten möchte.

Wie kann mit dem Drum Circle gearbeitet werden?

In einem Drum Circle spielen die Teilnehmer auf verschiedenen zur Verfügung stehenden Rhythmusinstrumenten unabhängig von ihrem musikalischen Können in einem großen Ensemble. Es gibt nur aktive Mitspieler, die „miteinander agieren und so eine rhythmisch-musikalische Erfahrung miteinander teilen“[1]. Die Schüler bringen sich ihrem Entwicklungs- und Leistungsstand entsprechend ein. Es ist im Drum Circle egal, ob jemand Anfänger oder Fortgeschrittener ist, durch die Zahl der gemeinsam trommelnden Schüler erklingt immer ein interessanter Rhythmus – ein Misserfolgserlebnis kann hierbei nahezu ausgeschlossen werden. Ein Drum Circle erhält durch den Leiter einfache Impulse, durch die der musikalische Gemeinschaftsprozess begleitet, inspiriert und gefördert wird. Der Unterrichtsverlauf wird durch Signale zum Weiterspielen, laut und leise werden, Stopp, Zuhören, Wirbel etc. geleitet. Dabei können alle Schüler ein Gemeinschaftswerk entwickeln. Der Spaß am gemeinsamen Musizieren steht hier im Vordergrund.

2.2 Überblick: Der Drum Circle

Definition	Der Drum Circle ist ein gemeinsames, durch einen Übungsleiter bzw. Lehrer gelenktes Trommeln in der Gruppe, in der mehrere dem Leistungsniveau der Gruppe angepasste Rhythmen gleichzeitig gespielt und durch spezielle Variationen attraktiv gestaltet werden können.
Chancen und Ziele	Der Drum Circle ist eine Aufmerksamkeits- und Konzentrationsschulung, in der der Schüler sowohl sich selbst als auch die Gruppe beachten muss. Er führt handlungsorientiert in das gemeinsame Trommeln ein und geht auf die individuelle Leistungsfähigkeit und -fertigkeit der Schüler ein. Jeder Schüler kann sich seinem Leistungsstand entsprechend in die Gruppe einbringen.
Geeignete Anlässe	Überall dort, wo in rhythmisches Musizieren eingeführt werden soll, kann der Drum Circle hilfreich sein. Die Schüler lernen ihr Instrument kennen und spielen. Sie lernen gleichermaßen sich in der Gruppe in unterschiedlicher Funktion (z. B. als Solospieler oder als Spieler des Grundrhythmus) einzuordnen.
Mögliche Probleme	Gerade Trommeln haben einen hohen Aufforderungscharakter. Sobald die Schüler im Besitz eines attraktiven Instruments sind, kann es in einer unerfahrenen Gruppe unkontrolliert und laut zugehen. Es bietet sich daher an, bereits das Austeilen der Instrumente zu gestalten[2].

1 Institute for Situational Training + Services 2008, www.situational.de
2 vgl. Baustein 1: Das Warm-up bzw. Bewegungspausen oder: Begrüßungsrituale einmal anders

Worauf Sie achten sollten ...	Um sich, die Gruppe und den Gruppenleiter gut beobachten zu können, sollten die Schüler in einem Stuhlhalbkreis bzw. einem runden Stuhlkreis arbeiten. Das Austeilen und Einräumen der Instrumente sollte bei ungeübten Gruppen vor der Nutzung thematisiert werden. Bei dem Verteilen der Instrumente helfen Verteilungsspiele[1].
Materialien	Trommeln und diverse andere Perkussionsinstrumente wie Klangstäbe, Rasseln, Gurke etc. (vgl. Zusatzmaterial 2: Instrumentenbau, S. 96), aber auch Alltagsgegenstände wie u. a. Stühle, Papier, Stifte, Tische oder der Fußboden können im Drum Circle genutzt werden.

2.3 Ausgewählte Beispiele zum Trommeln im Drum Circle

Natürlich gibt es unterschiedliche Möglichkeiten, an den Drum Circle heranzuführen und anschließend mit ihm zu arbeiten. Im Folgenden wird beispielhaft ein Weg mit drei aufeinander aufbauenden Schritten dargestellt. Schritt 1 und 2 sind vorbereitende Schritte, in Schritt 3 wird im Drum Circle mit ganz konkreten Beispielen gearbeitet. Diese Beispiele werden direkt nach Schritt 3 aufgezeigt. Hinweise zur Organisation u.v.m. sind in Punkt **2.3.2**, S. 48, aufgeführt.

1. Schritt: Im Drum Circle beginnt der Übungsleiter/die Lehrkraft[2] z. B. mit einem vorgegebenen Rhythmus nach dem Prinzip des „Vormachens – Nachmachens"[3]. Wir wählen für den Anfang einen 4/4-Takt. Beispielhaft sind im Folgenden 21 im Schwierigkeitsgrad ansteigende unterschiedliche Rhythmen aufgeführt. Bei Rhythmen, die zu Beginn Pausen aufweisen, sollten die Pausen mitgezählt werden. Das Gleiche gilt für Takte, in denen die Zählzeiten 3 und 4 mit einer Pause besetzt sind (Takte 17 bis 21).

1 vgl. Baustein 1: Das Warm-up bzw. Bewegungspausen oder: Begrüßungsrituale einmal anders

2 Die Ausführungen können sowohl im außerschulischen Bereich als auch in der Schule Anwendung finden. Daher wird im Folgenden sowohl für die Übungsleiter bzw. Gruppenleiter als auch für die Lehrkraft einheitlich von Lehrkraft gesprochen.

3 Der Einstieg in den Drum Circle kann u. a. auch über bekannte, schon erarbeitete Rhythmen erfolgen (vgl. Baustein 3: Mit der Sprache zum Rhythmus – Der Weg zum rhythmischen Lernen).

Beispielhafte Rhythmen für den Anfang:

Für die Vorgabe von Rhythmen wird ein mittleres Tempo gewählt, ein Beat läuft von Anfang an mit. Er kann z. B. durch ein leichtes rhythmisches Stampfen des Fußes der Lehrkraft erzeugt werden oder auch durch einen von einem rhythmisch sicheren Schüler auf einer tiefen Trommel gespielten gleichmäßigen Trommelschlag.
In der Regel wird jeweils ein Takt von der Lehrkraft auf einem dominanten, gut hörbaren Instrument (z. B. Glocke) vorgespielt und von den Schülern ohne Pause wiederholt:

- *Ich spiele einen Rhythmus vor, ihr spielt ihn nach.*

Die Lehrkraft beginnt mit einem leichten Rhythmus (z. B. Takt 1, 2, 3).
Die Schüler wiederholen ihn. Diese leichte Vorgabe wird bei jedem Durchgang nach und nach leicht verändert und der Schwierigkeitsgrad damit allmählich erhöht. Gelingt es einigen Trommelteilnehmern nicht gleich, den neuen Rhythmus nachzuspielen, wird er von der Lehrkraft so lange im „Call-and-Response-Verfahren" (Rufen und Antworten als Lehrer-Schüler-Wechsel ohne Unterbrechung, wie zuvor) wiederholt, bis er schließlich von dem Großteil der Gruppe fehlerfrei nachgespielt werden kann. Auch die Lehrkraft unterbricht die Trommelphase z. B. durch (unnötige) Erklärungen nicht, denn fast alle Schüler werden nach mehreren Wiederholungen die Rhythmen nachspielen können. Wenn wider Erwarten der eine oder andere in der Gruppe auch nach vier bis fünf Wiederholungen einen Rhythmus nicht fehlerfrei wiederholen kann, wird trotzdem nicht unterbrochen, denn wenn der Groß-

teil der Gruppe den Rhythmus weitgehend fehlerfrei spielen kann, erklingt dennoch ein hörbares Ergebnis.
Wir können an dieser Stelle, um kein Misserfolgserlebnis bei einzelnen Schülern zu provozieren, einen leichteren Rhythmus einschieben, der wieder von allen mitgespielt werden kann.
Grundsätzlich werden die Schüler mit jeder Übungsphase im Trommeln geschickter und die in der Anfangsphase schwierig zu spielenden Rhythmen gehen zunehmend leichter von der Hand.
Generell gilt, dass nach dem erfolgreichen Spielen eines schwierigen Rhythmus zur Erholung ein leichterer Rhythmus vorgespielt und von den Schülern, wieder ohne Unterbrechung des Beats, nachgespielt werden sollte.
Je nach Leistungsniveau der Gruppe können die vorgegebenen Rhythmen auch zwei- oder mehrtaktig sein, z. B.:

oder

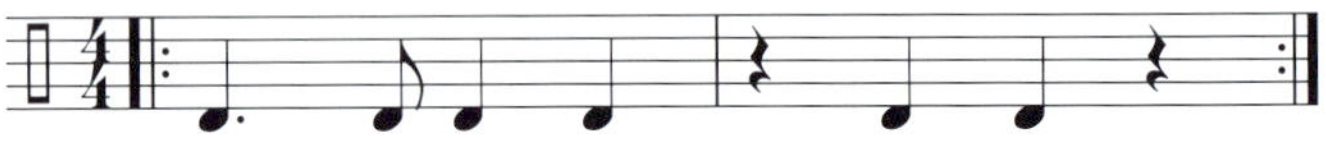

Ein rhythmisch sicherer und ggf. vorgeschulter Schüler kann die Position des Vorspielenden zum Teil übernehmen.
Können die vorgegebenen Rhythmen in der oben angegebenen Form weitgehend sicher nachgetrommelt werden, gehen wir in den 2. Schritt über.

2. Schritt: Die Lehrkraft wählt für den letzten Durchgang aus Schritt 1 einen leichteren Rhythmus (z. B. Takt 4) aus. Dieser Rhythmus (im Folgenden Rhythmus 4 genannt) wird nun von der Lehrkraft fortwährend, also auch in der Response-Phase, die bisher von den Schülern übernommen wurde, gespielt.

Die Schüler werden nun verwundert sein, dass die Lehrkraft kein „Response" mehr macht, aber dennoch der nonverbalen Anweisung nach und nach folgen und den Rhythmus 4 hintereinander spielen.
Dieser Rhythmus wird von der Lehrkraft noch mehrere Male auf ihrem Instrument mitgespielt und dann rhythmisch mitgesprochen:

- *Spielt immer weiter, spielt immer weiter, …*

Während der verbalen Anweisung verändert sie ihr Instrumentalspiel. Es erklingt nun nur noch ein gleichmäßiges Metrum. In dieser Art des Spielens wird der Rhythmus 4 nach und nach an die Schüler gegeben und von ihnen selbstständig gespielt. Die Lehrkraft unterstützt lediglich durch das Mitspielen des Metrums und, wenn nötig, durch ein kurzes Einspielen von Rhythmus 4, wenn Unsicherheiten auftreten – alles natürlich wieder ohne Unterbrechung des Beat.
Dieser Rhythmus 4 ist nun der erste des im Folgenden entstehenden mehrstimmigen Rhythmus. Er wird von der Großgruppe allein gespielt. Die Lehrkraft spielt das Metrum zunächst noch laut mit, wird aber immer leiser, bis sie schließlich ganz aufhört und die Gruppe den Rhythmus ohne Hilfe der Lehrkraft spielen kann. Das eingangs erwähnte metrische Stampfen bleibt weiterhin eine Orientierung für die Schüler.

An dieser Stelle setzt nun der Drum Circle ein. Die Lehrkraft nutzt weiterhin ein dominantes Instrument, das sie je nach Bedarf einsetzt: Zu Hilfszwecken und zum Stabilisieren des Rhythmus (z. B. Mitspielen einzelner Rhythmen, Spielen des Metrums) oder aber auch zum Einspielen weiterer Rhythmen oder Breaks u. a. Es bietet sich auch hier wieder die Glocke an, die handlich ist und je nach Bedarf leise oder sehr laut gespielt werden kann.
Ohne die Trommelaktion zu unterbrechen, geht die Lehrkraft auf zwei bis vier (je nach Gruppenstärke) rhythmisch sichere Schüler zu und zeigt ihnen einen zweiten Rhythmus. Geeignet ist an dieser Stelle z. B. der Rhythmus von Takt 3, im Folgenden Rhythmus 3 genannt. Auf der Trommel wird er abwechselnd mit der rechten und der linken Hand gespielt. In die *starke* Hand erhalten diese Schüler einen Schlägel, sodass ein lauter Klang auf der ersten Zählzeit und ein etwas leiserer auf der dritten Zählzeit entsteht. Mit diesem Rhythmus 3 haben die ausgewählten Spieler fortan den Grundrhythmus und bilden somit die Basis für weitere Rhythmen.

Auch hier spielen die Schüler mehrere Takte hintereinander und hören sich in den neuen Klang ein. Wird der Gesamtrhythmus instabil, zählt die Lehrkraft deutlich vier Zählzeiten in das Trommelgeschehen und beendet es mit einer einzigen Geste auf der ersten Zählzeit des nächsten Taktes, unterstützt mit dem Wort „Schluss", sie unterbricht das Zählen jedoch nicht:

- *1 2 3 4 Schluss 2 3 4 5 6 7 8.*

Lediglich durch ein Crescendo mit der Stimme der Lehrkraft von der Zählzeit 5 bis 8 und einem deutlichen Auftakt mit den Armen auf der Zählzeit 8 wird erreicht, dass die Schüler neu mit ihrer Trommelperformance beginnen. Das Zählen kann optisch durch das Zeigen von Fingern unterstützt werden[1].
Jeder weitere Rhythmus wird in gleicher Weise eingeführt, hier z. B. für den Rhythmus von Takt 13.

[1] Vgl. auch Ausführung unter Punkt **Pausen** im Abschnitt 2.3.1 Beispiele für unterschiedliche Aktionen im Drum Circle, S. 46.

Auch der dreistimmige Rhythmus wird wiederholt gespielt.
Je nach Leistungsgruppe können die neuen Rhythmen komplexer gestaltet sein und in der Anzahl deutlich höher.
Es geschieht in Gruppen bei solchen Trommelaktionen immer wieder, dass einzelne Teilnehmer in die Trommelperfomance eigene Rhythmen zu dem vorgegebenen mehrstimmigen Rhythmus hineinspielen. Es sind nicht selten Rhythmen, die sie im ersten Schritt bereits kennengelernt haben. Diese kreativen Vorstöße einzelner Schüler können und sollten gefördert werden, z. B. indem sie von anderen Schülern verstärkt werden. Dabei werden auch hier, ohne das Trommeln zu unterbrechen, wie oben beschrieben, einzelne Schüler oder Kleingruppen durch persönliche Aufforderung angeregt, den speziellen Rhythmus mitzuspielen.
Durch optische Signale werden nun unterschiedliche Aktionen eingeleitet. Zum Beispiel kann das Weiterspielen ohne die Unterstützung der Lehrkraft eine Geste beider Hände sein, die sich umeinanderdrehen. Zeitgleich können die in der Gruppe gespielten Rhythmen verbal unterstützt werden durch das rhythmische Mitsprechen eines Rhythmus: „Gut so, spielt weiter“ (Rhythmus 4) oder „Spielt allein“ (Rhythmus 13). Diese verbale Anweisung erfolgt später nicht mehr, sodass nur noch das optische Signal zu sehen ist.

3. Schritt: Im dritten Schritt wird mit dem entwickelten mehrstimmigen Rhythmus gearbeitet. Die unten aufgeführten unterschiedlichen Aktionen erfolgen wiederum, ohne das Trommelgeschehen zu unterbrechen. Sie gestalten das Gemeinschaftstrommeln interessant[1]:

2.3.1 Beispiele für unterschiedliche Aktionen im Drum Circle

- **Lautstärkenwechsel:** Der Rhythmus wird abwechselnd eine Zeit lang laut oder leise gespielt. Die Geste für das laute Spiel ist das Öffnen der Arme nach außen-oben, die Geste für das leise Spiel ist das Schließen der Arme nach innen-unten. Berühren sich die Handflächen in dieser Bewegung, hören die Schüler automatisch auf zu spielen.
- **Pausen**: Laut und deutlich werden vier Zählzeiten mit deutlicher Fingeranzeige in die Trommelperformance gerufen. Auf der nächsten 1 des Rhythmus wird das Trommelspiel abrupt durch eine Armbewegung nach außen in Brusthöhe und das Ballen von Fäusten unterbrochen, der Grundpuls jedoch läuft weiter, z. B. durch leises Weiterzählen. Durch lautes Einzählen und Fingeranzeige wird den Trommlern ein neuer Einsatz gegeben (siehe auch Ausführung im 2. Schritt, S. 44).
- **Kleine Gruppen spielen:** Durch ein optisches Signal der Lehrkraft (Hände umeinanderdrehen, siehe auch oben) wird eine Instrumentengruppe darauf hingewiesen, dass sie weiterspielen soll. Die anderen Teilnehmer werden „ausgeschaltet“, wie unter Punkt Pausen dargestellt ist, sodass nur noch der Klang dieser Instrumentengruppe und deren Rhythmus zu hören ist. Nach vier Takten (je nach Bedarf mehr oder weniger) wird den anderen Teilnehmern ein neuer Einsatz zum Weiterspielen gegeben.
- **Weiterspielen**: Das Signal an einzelne Schüler oder Schülergruppen zum Weiterspielen in einer Pause kann eine Geste beider Hände der Lehrkraft, die sich umeinanderdrehen, sein. Unterstützt wird dieses Signal durch das rhythmische Hineinsprechen der Anweisung „Spielt bitte weiter, immer weiter“ und erfolgt vor der Generalpause während des Musizierens. Die Schüler wissen damit, dass das Signal für die folgende Unterbrechung nicht für sie gilt – sie spielen weiter. Es erklingt damit ein einzelner Rhythmus. Die verbale Anweisung erfolgt später nicht mehr, sodass nur noch das optische Signal zu sehen ist.

[1] Es gibt eine Reihe von Möglichkeiten für Variationen und Improvisationen. Der Fantasie sind hierbei kaum Grenzen gesetzt. Ich beschränke mich auf die gängigsten Möglichkeiten.

- **Schnelle kleine Bewegungen auf einen gleichmäßigen Grundrhythmus:** Die Schüler werden durch eine Geste des schnellen Klatschens der rechten Hand auf den linken Handballen aufgefordert, nacheinander, im Halbkreis links beginnend und nach rechts verlaufend, auf ihrem Instrument leise sehr schnelle arhythmische Töne zu erzeugen. Eine Gruppe mit tiefen und lauten Trommeln wird aufgefordert, den Grundrhythmus zu halten und nicht langsamer oder schneller zu werden.
- **Trommelwirbel***:* Einige Schüler haben eine gewisse Unruhe und können sich nur kurz auf eine Sache, in diesem Fall auf ihren Rhythmus, konzentrieren. So gibt es Schüler, die nach einer kurzen Trommelphase die Geduld verlieren und anfangen, schnell auf ihrem Instrument zu schlagen. Dieses Verhalten wird im Drum Circle genutzt, um eine Variation bzw. Improvisation während des Trommelns einzubinden: Dieser Schüler darf sehr schnell und so lange er will auf seinem Instrument spielen. Er wird ermuntert und unterstützt durch ein Umeinanderdrehen der Hände, während alle anderen aufgefordert werden, gleichmäßig weiterzuspielen. So wird ein erstes Solo gespielt, alle anderen halten das vorherige Spieltempo, die Lehrkraft spielt ggf. laut das Metrum hinein.
- **Solospiel für einzelne Schüler auf einen mehrstimmigen Rhythmus:** Auf einen von allen sehr leise gespielten mehrstimmigen Rhythmus spielt eine Gruppe ihren Rhythmus laut. Es können auch einzelne Schüler aufgefordert werden, auf diesen leise gespielten Rhythmus zu improvisieren, und zwar so lange, bis sie durch Blickkontakt ihr Ende signalisieren.
- **Solospiel für einzelne Schüler in Generalpausen:** Des Weiteren können einzelne Schüler zum „Solospiel" aufgefordert werden. Hier kann die ausgewählte Person zeigen, was sie kann, während die anderen Rhythmen in dieser Zeit schweigen. Die Geste für ein Solospiel erfolgt während des Spiels und unmittelbar, bevor zu einer Generalpause „abgewunken" wird. Diese Geste kann das mit der Handfläche nach oben gerichtete Hindeuten auf einen Schüler sein, mit anschließendem erhobenen Zeigefinger und einer verbalen rhythmischen Aufforderung: „Spiele ein Solo, zeige, was du kannst." Sobald der betreffende Schüler signalisiert (z. B. durch Kopfnicken), verstanden zu haben, zählt die Lehrkraft deutlich vier Zählzeiten in das Trommelgeschehen und beendet es mit einer einzigen Geste auf der ersten Zählzeit des nächsten Taktes, unterstützt von dem Wort „Schluss". Direkt mit dem Schluss der Trommelperformance der Gruppe beginnt der Schüler mit seinem Solospiel. Das kann ein beliebiger Rhythmus aus den Eingangsvorschlägen (Rhythmus 1 bis Rhythmus 21) sein, es kann aber auch arhythmisches oder ein schnelles und wildes Durcheinandertrommeln sein – alles ist richtig. Nach dem Solospiel dieses Schülers erfolgt der erneute Einsatz entweder einzelner Gruppen oder aller Mitspieler durch lautes Einzählen bis acht. Mit einem Crescendo in der Stimme der Lehrkraft von der Zählzeit 5 bis 8 und einem deutlichen Auftakt auf der Zählzeit 8, der mit den Armen unterstützt wird, setzt das Spiel wieder ein.

  Das Solospiel kann, wie hier vorgeschlagen, von einem einzelnen Schüler ausgeführt werden. Es kann aber auch von mehreren Schülern hintereinander gespielt werden.
- **Unterbrechung mit einem Break:** Ein Break ist ein Rhythmus, der sich von den anderen Rhythmen deutlich unterscheidet und die Trommelperformance kurz unterbricht. Der Rhythmus eines Breaks kann aus dem Namen eines oder mehrerer Schüler zusammengesetzt und dabei ggf. mehrfach wiederholt werden, bevor die Trommelgruppe zum Rhythmus zurückkehrt. Breaks werden separat z. B. in Gruppenarbeit einstudiert (vgl. 2.3.3 Die Erarbeitung eines Breaks in Kleingruppen, S. 49).

  Das Spielen eines Breaks wird vorbereitet, indem von der Lehrkraft laut und deutlich ein abweichender Rhythmus in die Trommelperformance eingespielt wird, z. B.:

Möglich ist auch ein eingespielter Claverhythmus, der, wie hier im Beispiel, vokal unterstützt wird durch den Satz: „Ach-tung ein Break." Auf das Wort „Break" stoppt das Trommelspiel der Gruppe, um auf der nächsten 1 den zuvor einstudierten Break zu beginnen.
Dieser Break kann ein einstimmiger, zwei-, vier- oder mehrtaktiger Rhythmus sein, der von einer Person, von Kleingruppen oder von allen gespielt wird.
Eine weitere Möglichkeit ist eine Kombination von „Solo-" und „Tuttispiel", wie im Folgenden vorgestellt:

S = Solospiel T = Tuttispiel

2.3.2 Die Herangehensweise

- Um alle Schüler gut im Blick zu haben, ist die bevorzugte Organisationsform im Drum Circle zunächst der Stuhl- bzw. Sitzhalbkreis, erst später wird zum Kreis übergegangen. Sowohl im Halbkreis als auch im Kreis können sich die Schüler gegenseitig sehen und Kontakt aufnehmen. Umgekehrt hat auch die Lehrkraft in dieser Sitzform den Überblick über die Übungsausführungen aller Schüler. Auch sie kann den Kontakt mit den Schülern herstellen und halten sowie sehr schnell und individuell auf Schüler eingehen.
- Am Anfang dieser Rhythmusschulung gibt es einige Regeln zu beachten:
  In der ersten Stunde sollten kleine „Trommelportionen" entsprechend dem Leistungsstand und der Aufmerksamkeitsspanne der Schüler angeboten werden. Diese Trommelportionen können ein- bis viertaktig sein, entscheidend ist das durchschnittliche Leistungsniveau der Gruppe. Schritt für Schritt werden die Schüler mit den einzelnen Aktionen vertraut gemacht.
- Je nach Leistungsniveau kann es nötig sein, einzelne Rhythmen immer wieder in die Gruppe einzuspielen. Es hilft oft, einen gleichmäßigen Beat laut und deutlich mitzuspielen.
  Es passiert immer wieder, dass gerade bei nicht geübten Gruppen die Rhythmen auseinandergehen. Einige Schüler sind sehr auf ihr Instrument, ihren Rhythmus und ihre motorische Ausführung konzentriert, sodass sie ihre Mitschüler nicht mehr hören. Weil die Schüler mit wiederholtem Trommeln eine immer größer werdende Sicherheit in der technischen Ausführung gewinnen, werden sie oft schneller. Bemerkt die Leitung eine rhythmische Instabilität in der Gruppe, hilft es, einen kurzen Break oder eine Pause einzuleiten. Sie wird während des unsicher werdenden Trommelns vorbereitet, indem in die Trommelperformance hinein gezählt wird (vgl. Ausführung unter Punkt „Pausen" im Abschnitt 2.3.1 Beispiele für unterschiedliche Aktionen im Drum Circle, S. 46). Nach diesem Break oder einer Pause beginnen alle Schüler wieder im gleichen Tempo.
- Eine weitere Möglichkeit, eine rhythmische Instabilität aufzufangen, ist das bewusste Schnellerwerden. Die Schüler werden aufgefordert nach und nach der bis dahin unbewussten Tempozunahme nachzugeben und noch schneller zu trommeln. Mit schneller werdendem Trommeln sind oft die zuvor erarbeiteten Rhythmen nicht mehr wahrzunehmen. Die Gruppe spielt in dieser Phase i.d.R. wild durcheinander und jeder spielt, so schnell er kann. Des Weiteren werden die Schüler mit diesem schnellen Trommeln auch lauter. Dieses „wilde und laute Spiel" wird im Drum Circle genutzt. Denn an dieser Stelle kann die Aufforderung zum wiederholten Laut- und Leisespielen sehr spannend sein. Ein gleichmäßig durchgängiger Beat auf einer tiefen Trommel rundet diesen Hörgenuss ab.
- Nicht jedes von der Lehrkraft gesendete Signal kann von den Schülern sofort so umge-

setzt werden, wie es im Drum Circle vorgesehen ist. Das ist auch nicht zu erwarten. Allein durch den Versuch und ggf. einen Irrtum sowie durch viele Wiederholungen und das Herausstellen richtiger Ergebnisse wird nach und nach klar, wie die Signale gedeutet werden sollen. Optische Signale werden in der Anfangsphase generell mit akustischen Signalen, in denen die jeweilige Bedeutung in einem kurzen rhythmischen Sprechgesang erklärt wird, verbunden. I.d.R. können die Signale aber später auf rein optische reduziert werden.

2.3.3 Die Erarbeitung eines Breaks in Kleingruppen

Die Erarbeitung eines Breaks kann eine Phase des selbstständigen Arbeitens in der Klasse sein, in der die Schüler die Möglichkeit haben, mit den bis jetzt erworbenen Kenntnissen zu experimentieren. Voraussetzung ist, dass die Schüler an dieser Stelle bereits wissen, dass zusammengesetzte Namen oder Sätze interessante Rhythmen ergeben können (vgl. Baustein 3: Die Sprache als Rhythmus – der Weg zum rhythmischen Lernen, S. 51).
Im Folgenden sind Ausführungen zum Organisatorischen, zu Arbeitsregeln und Materialien sowie zu zeitlichen Vorgaben und Rahmenbedingungen zur Aufgabenstellung aufgeführt.
Organisation: Die Schüler werden in Gruppen von drei bis vier Teilnehmern geteilt.
Arbeitsregeln: Zum produktiven Arbeiten werden drei wichtige Regeln aufgestellt und optisch kenntlich gemacht (ggf. Tafelbild):

Wichtige Regeln

1. Wir sprechen sehr leise.
2. Wir arbeiten nur in unserer Gruppe.
3. Wir benutzen nur die vorgegebenen Materialien.

Die Einhaltung dieser drei Regeln sollte immer wieder von Neuem, auch in anderen Zusammenhängen, geübt werden, denn sie sind je nach Alter und Leistungsstand der Schüler gerade zu Beginn schwer umzusetzen.
Materialien: Jeder Schüler bekommt zwei chinesische Essstäbchen, mit denen Trommelrhythmen auf Boden, Teppichfliesen, Zeitungspapier oder der Wand auch innerhalb eines Raumes erarbeitet werden können. Zum einen ist es motivierender, mit Materialien zu arbeiten, auch wenn es in diesem Falle „nur" Stäbchen als Ersatz für Trommelschlägel sind, zum anderen können die Schüler mit ihnen sehr leise arbeiten.
Wenn sich die Möglichkeit bietet, sollten sich die Schüler unter Einhaltung der aufgestellten Regeln einen ruhigeren Platz außerhalb des Raumes wählen dürfen (evtl. Flurbereich, anderer Klassenraum, Schulhof usw.).
Zeitmanagement: Die Schüler bekommen für die Erarbeitung ihres Breaks einen Zeitraum von 20 Minuten zur Verfügung gestellt. Mit einem „Kurzzeitwecker" kann der Verlauf dieser Zeit transparent gemacht werden, sodass die Schüler jederzeit wissen, wie viel Zeit ihnen noch bleibt. Am Ende dieser Zeit befinden sich alle Schüler wieder im Klassenverband. Einzelne Ergebnisse können vorgestellt werden – später werden sie in die Trommelperformance eingefügt.
Rahmenbedingungen zur Aufgabenstellung: Die Schüler benötigen eine genaue Beschreibung dessen, was von ihnen verlangt wird. Im Rahmen dieser Vorgaben haben sie dann durchaus viel Freiraum selbst zu gestalten. Da die Aufgabenstellung etwas komplexer ist, sollte auch hier darauf geachtet werden, dass sie z.B. durch das schriftliche Fixieren nachvollziehbar ist:

- *Erfindet einen einstimmigen Rhythmus für einen Break in eurer Gruppe.*
- *Er soll aus Namen (max. drei) oder einem kurzen Satz bestehen.*
- *Er soll zwei- bis viermal ohne Pause wiederholt werden können.*
- *Er soll von der Gruppe gleichmäßig gespielt werden können.*
- *Er soll auswendig gespielt werden können.*

Zusammenfassend gilt, dass das Trommeln im Drum Circle sowohl schwachen als auch starken Schülern entgegenkommt. Jeder kann sich seinem Leistungsstand entsprechend in das Trommeln konstruktiv einbringen. In jedem Fall kann durch das Trommeln in dieser Form in der Gruppe ein hörbares interessantes Gemeinschaftserlebnis erbracht werden.

Baustein 3

Die Sprache als Rhythmus – der Weg zum rhythmischen Lernen

Eine Methode zum Erarbeiten unterschiedlicher Rhythmen

Es gibt viele Rhythmen wie z. B. Cha-Cha-Cha, Mambo, Rumba, Samba und Reggae oder einfache afrikanische Rhythmen, die im Schulalltag eingesetzt werden können. Gegebenenfalls sind die Rhythmen zu reduzieren.

Das Trommeln auf dem Körper, mit Perkussionsinstrumenten oder auf Alltagsinstrumenten bietet die Möglichkeit, Grooves der Rock- und Popmusik nachzuspielen. Des Weiteren gibt es auch hier die Möglichkeit, Anregungen zu selbstentworfenen Rhythmen oder Anreiz zur Improvisation zu geben.

Für die Erarbeitung einer Liedbegleitung mit Körperpercussion[1] oder einer Stompperformance[2] mit Bällen und/oder Alltagsmaterialien werden Rhythmen benötigt. Rhythmen gleichmäßig zu spielen ist nicht immer ein leichtes Unterfangen, insbesondere dann nicht, wenn mehrere unterschiedliche Rhythmen gleichzeitig klingen sollen. Dann kann sogar ein leichter Rhythmus zu einer Hürde werden. Hier kann uns die Stimme buchstäblich auf die Sprünge helfen.

Die Stimme findet in der Rhythmusschulung vielseitige Verwendung. Neben der Möglichkeit zu rhythmischem Sprechen von Texten (Erarbeitung eines Raps) kann sie zum einen Perkussionsinstrumente imitieren (human beat box), zum anderen findet sie ihre Anwendung in der Unterstützung des Lernens von konkreten Rhythmen: „Sprachlich sind wir meist viel fitter, schneller, flexibler und fantasievoller als mit Bewegungen" (Moritz/Staffa 2007, S. 11).

Durch Perkussionssilben (didelidi, didelidik oder bragada) können Rhythmen verdeutlicht werden und so einfacher in Bewegung übergehen. Die Stimme kann somit zur Unterstützung von Bewegungen und zur Kenntlichmachung von Akzenten innerhalb der Rhythmen dienen. Des Weiteren lassen sich Rhythmen mit der Stimme oft schnell einprägen und für lange Zeit merken (vgl. auch Flatischler 1990, S. 126–140).

Im Folgenden sind Möglichkeiten aufgezeigt, mithilfe der Stimme rhythmisch zu arbeiten. Namen von Teilnehmern einer Trommelgruppe sowie ganze Sätze werden gesprochen und nach und nach auf Perkussionsinstrumente (auch Körperpercussion oder Alltagsgegenstände) übertragen. Die einzelnen, aus Namen und Sätzen entstehenden Rhythmen ergeben gleichzeitig gespielt attraktive Trommelrhythmen.

---

[1] Vgl. Baustein 4: Rhythmusschulung mit Stomp

[2] Vgl. Baustein 4: Rhythmusschulung mit Stomp

3.1 Überblick: Mit der Sprache zum Rhythmus

Definition	Die Sprache unterstützt das Erlernen neuer Rhythmen. Durch das Nutzen der Namen der Teilnehmer werden „persönliche“ Rhythmen erarbeitet, die zu hoher Motivation führen.
Chancen und Ziele	Mithilfe der Sprache erlernen die Schüler schnell und effektiv unterschiedliche rhythmische Bausteine, die gleichzeitig gespielt eine attraktive Form des gemeinsamen Musizierens ergeben.
Geeignete Anlässe	Überall dort, wo in rhythmisches Musizieren eingeführt werden soll oder spezielle Rhythmen Gegenstand des Unterrichts sind, können die Sprache bzw. der Gebrauch von Namen und Namensverbindungen nützlich sein.
Mögliche Probleme	Die Teilnehmer haben schnell das Gefühl, den rhythmischen Baustein bzw. die Namensverbindung zu beherrschen, was dazu führen kann, dass sie immer schneller werden und/oder bei mehreren gleichzeitig gespielten Rhythmusbausteinen ihre Mitschüler nicht mehr beachten. Ein gleichbleibendes, laut mitgespieltes Metrum kann dem entgegenwirken.
Worauf Sie achten sollten …	Die Schüler sollten ausreichend Zeit haben, die einzelnen Rhythmusbausteine zu üben. Die Rhythmusbausteine sollten dem Niveau der Schüler angepasst sein. Erst wenn die Schüler einzelne Rhythmen sicher spielen können, werden nacheinander mehrere rhythmische Bausteine gleichzeitig gespielt. Das Üben des mehrstimmigen Spiels kann mit dem Drum Circle[1] attraktiv und vielseitig gestaltet werden. Werden Instrumente für diese Form der Rhythmusschulung genutzt, können Instrumentenverteilungsspiele[2] beim Verteilen der Instrumente helfen.
Materialien	Beliebige Perkussionsinstrumente wie Trommeln, Klangstäbe, Rasseln, Gurke etc. (siehe Zusatzmaterial 2: Der Instrumentenbau, S. 96), Alltagsgegenstände (Tisch, Teppich, Wand, Stifte, Lineale usw.), Körperpercussion oder Boomwhackers[3].

3.2 Ausgewählte Beispiele für vokale Hilfestellungen zum Erlernen von Rhythmen

3.2.1 Rhythmusbausteine

Die Namen der Teilnehmer einer Trommelgruppe oder Klasse können einzeln oder in Verbindung miteinander kleine rhythmische Bausteine ergeben. Diese Bausteine sind „personifiziert“ und daher ist deren Umsetzung oft mit einer hohen Motivation und Leistungsbereitschaft von den Teilnehmern verbunden.

Auch Worte oder Wortverbindungen können auf dem Körper durch Klatschen, Patschen und Stampfen klangvoll umgesetzt werden.

Die Silben der Worte „Scho-ko-ladenbrot“, Riesenschlange o. Ä. ergeben einfache Rhythmen. Die Wortverbindungen „Obstsalat, Obstsalat, eine Schüssel Obstsalat“, „Armi-nia Bielefeld“, „Hertha BSC“ oder „Grau-brot mit Schin-ken“ usw. haben in der Sprache schon Akzente, die nur noch in die Bewegung umgesetzt werden müssen, was in der Regel mithilfe der Stimme auch keine Probleme verursacht.

1 Vgl. Baustein 2: Das Trommeln im Drum Circle
2 Vgl. Baustein 1: Das Warm-up bzw. Bewegungspausen oder: Begrüßungsrituale einmal anders
3 Boomwhackers sind unterschiedlich lange, farbige Rohre, die in die Hand oder auf einen Gegenstand geschlagen, wohltemperierte Töne erzeugen. Durch die farbliche Kennzeichnung der unterschiedlichen Töne ist ein Musizieren mit ihnen ohne Notenkenntnisse möglich.

Lustige Wortkreationen, die von Schülern vorgeschlagen werden, sollten als Beitrag zu einer rhythmischen Performance, z. B. in Form einer Stomperarbeitung[1], unbedingt aufgegriffen werden. Neben der Tatsache, dass die „lustigen Worte" oder „Aussagen" sehr schnell in das Langzeitgedächtnis übergehen, macht es Spaß, diese Wortverbindungen in Rhythmus umzuwandeln, zum anderen steigt die Identifikation der Schüler mit dem Unterrichtsinhalt (hier ggf. die Erarbeitung einer Stompperformance) mit zunehmendem eigenen Engagement bzw. dem Einbringen eigener Ideen der Schüler.
Um alle Schüler gut im Blick zu haben, ist die bevorzugte Organisationsform spätestens ab der Phase 2 (vgl. 3.2.2 Die Herangehensweise) der Stuhl- bzw. Sitzhalbkreis oder der Kreis. Im Halbkreis oder auch im Kreis können sich sowohl die Schüler gegenseitig als auch die Lehrkraft die Schüler und umgekehrt sehen und Kontakt aufnehmen.

3.2.2 Die Herangehensweise

Das Erfinden unterschiedlicher Rhythmusbausteine mithilfe von Namen erfolgt in sieben Phasen. Die einzelnen Phasen werden durch ein metrisches Trommeln von der Lehrkraft oder einem rhythmisch sicheren Schüler unterstützt. Auch ein an einen Verstärker angeschlossenes Metronom kann diese Aufgabe übernehmen.
Die Schüler sitzen während des Experimentierens in Phase 1 in Kleingruppen von maximal drei Schülern verteilt im Raum, während des gemeinsamen Trommelns im Klassenverband im Stuhlhalbkreis.

Phase 1 – Fünf einführende Aufgaben:
Die Aufgabenstellung wird in Phase 1 optisch kenntlich gemacht, sodass die Schüler den Arbeitsablauf sichtbar vor Augen haben und damit Unruhe durch Unsicherheiten in der Aufgabenstellung weitgehend vermieden wird. Die dafür entworfene Folie (siehe Folienvorlage 4 „Aus Namen werden Rhythmen", S. 65) wird mithilfe des OH-Projektors an die Wand projiziert. Die Aufgaben werden im Frontalunterricht besprochen.
Die Schüler verteilen sich anschließend in Kleingruppen von maximal drei Schülern im Raum, ein moderates Metrum (Tempo 60 bis 70) erklingt.
Ein Rhythmus im 4/4-Takt ist für unsere Schüler aufgrund der Hörgewohnheiten und im Hinblick auf die spätere Mehrstimmigkeit einfacher zu realisieren als andere. Aus diesem Grund sind die folgenden Aufgaben so aufgebaut, dass der 4/4-Takt die Basis der Rhythmen aus Namen schafft. Das Metrum wird bereits in der Anfangsphase mit einem Akzent auf der 1 gespielt, sodass bereits hier, realistisch betrachtet, ein (neutraler) 4/4-Takt erklingt.
Hinweis an die Schüler:

- *Die folgenden Aufgaben eins bis vier sind aufeinander aufgebaut, sodass eine Aufgabe erst dann begonnen wird, wenn die vorhergehende abgeschlossen ist.*

- *Ihr hört einen gleichmäßigen Schlag (Metrum).*

1. *Tippt dieses Metrum mit dem Zeigefinger mit, ohne dabei schneller oder langsamer zu werden. Kontrolliert euch dabei gegenseitig.*

[1] Vgl. Baustein 4: Rhythmusschulung mit Stomp

2. *Klatscht oder patscht abwechselnd euren eigenen Namen zum Metrum.*

z. B. 

oder 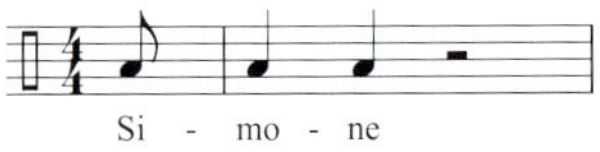

oder 

3. *Probiert andere Möglichkeiten aus, euren Namen zu klatschen oder zu patschen.*

z. B. 

oder 

oder 

4. *Entscheidet euch für eine Möglichkeit, euren Namen zu klatschen oder zu patschen.*

Es ist sinnvoll, die für Arbeitsaufgaben zur Verfügung stehende Zeit einzugrenzen. Für die Bearbeitung der oben aufgeführten Aufgaben werden zunächst je nach Leistungsniveau zehn Minuten veranschlagt. Den Schülern wird diese Zeit transparent gemacht und z. B. durch einen Kurzzeitwecker oder durch einen Schüler kontrolliert. Sollte danach ein allgemeiner Bedarf nach mehr Zeit sein, wird sie auf eine von den Schülern vorgeschlagene Zeit einmalig verlängert.
Erst wenn die Aufgaben der ersten Phase erfüllt sind und der Großteil der Schüler eine Möglichkeit gefunden hat, den eigenen Namen zu dem Metrum zu spielen, soll zur nächsten Phase übergegangen werden.

Phase 2 – Verteilen von Instrumenten: Rhythmusschulung kann ohne, mit Alltagsgegenständen oder auch mit traditionellen Instrumenten (hier sind insbesondere Perkussionsinstrumente gemeint) erfolgen. Sofern die Rhythmusschulung *mit* Instrumenten ausgeführt wird, bekommt jeder Teilnehmer ein Instrument[1]. Dabei liegen und stehen unterschiedliche Instrumente in der Kreismitte. Das Verteilen der Instrumente erfolgt nacheinander:

- *Ihr hört ein gleichmäßiges Metrum[2]. Ich zähle zum Metrum fortwährend von eins bis acht. Jeweils auf der Zählzeit eins[3] wird ein Schüler aus dieser Runde durch einen Blick von mir aufgefordert, sich ein Instrument aus der Kreismitte auszuwählen, es mit an seinen Platz zu nehmen und mit mir mitzuspielen.*

Diese Vorgehensweise wird wiederholt bis jeder Schüler ein Instrument hat und sich aktiv am Trommelgeschehen beteiligt[4].
Anstelle des Metrums während des Kennenlernens und Verteilens der Instrumente könnte ein von den Schülern ausgewählter Name gespielt werden. Dieser ausgewählte Name wird von allen Schülern getrommelt (z. B. Anna-Lena).

---

1 Vgl. Baustein 1: Das Warm-up bzw. Bewegungspausen oder: Begrüßung einmal anders, Beispiel 6: Ein rhythmisches Spiel zum Vertiefen und Kennenlernen der Instrumente, S. 27.

2 Je nach Situation kann anstelle des einfachen Metrums auch eine von den Schülern ausgewählte Namensverbindung oder ein einzelner Name gespielt werden.

3 Die für die Aufgabe zur Verfügung stehende Zeit ist relativ kurz, sodass es auch vorkommen kann, dass sich mehrere Schüler in der Mitte befinden. Um ggf. ein Gedränge in der Kreismitte zu vermeiden, kann bei gegebenem Anlass das Zählen unterbrochen werden, der Rhythmus bzw. das Metrum endet jedoch nicht.

4 Vgl. auch Baustein 1: Das Warm-up bzw. Bewegungspausen oder: Begrüßungsrituale einmal anders

Wird ein Schüler deutlich angeschaut, holt er sich ein Instrument und versucht anschließend den Namen Anna-Lena auf seinem Instrument zu spielen. Für eine Rhythmusschulung mit „Namen als Rhythmusbausteine" eignen sich neben traditionellen Perkussionsinstrumenten auch Alltagsmaterialien wie Dosen, Stifte, Papier usw. oder die Körperpercussion sowie Boomwhackers.

Phase 3 – Das Vorstellen der Ergebnisse im Stuhl(halb)kreis: Im nächsten Schritt werden die Arbeitsergebnisse der Schüler vorgestellt. Die Anweisung an die Schüler lautet damit:

- *Stellt euer Ergebnis so vor, dass wir es alle wiederholen können.*

Wieder ertönt das von der Lehrkraft oder einem rhythmisch sicheren Schüler auf der Trommel gespielte Metrum. Auf Körperpercussions-, Alltags- oder traditionellen Perkussionsinstrumenten o. Ä. stellen die Schüler z. B. durch Blickkontakt[1] nacheinander und einzeln ihren klingenden Namen vor, z. B.:

Sobald der Name der einzelnen Schüler erklungen ist, wiederholen ihn alle anderen in der gleichen Weise. Ist der Rhythmus (von allen geklatschter bzw. gepatschter oder getrommelter Name eines Schülers) noch nicht eindeutig, wird er wiederholt; erst von dem Schüler, dann wieder von allen. Dieser Vorgang kann abermals wiederholt werden.

Phase 4 – Das Trommeln von Namensverbindungen: In Phase 4 geht es darum, Namensverbindungen zu spielen:

- *Benennt zwei Namen, die hintereinander gespielt einen interessanten Rhythmus ergeben.*

Einzelne Namensverbindungen wie z. B. Hannah – Evelyn, Tim – Dirk oder Niklas – Roberto werden festgelegt und jeweils mehrere Male einzeln getrommelt.

1.
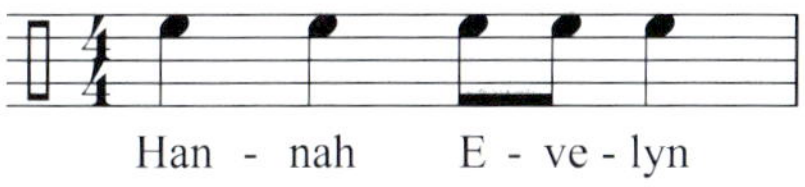

2.

3.

Phase 5 – Das Trommeln mehrerer Namensverbindungen: Für das folgende Musizieren wird die Großgruppe in zwei gleichgroße Gruppen, die wir Gruppe A und Gruppe B nennen, aufgeteilt. Rhythmisch sichere Schüler werden in beiden Gruppen gleichermaßen verteilt, sodass sie die Gruppen stützen können. Die Anweisung an die Schüler lautet somit:

- *Entscheidet euch für zwei Namensverbindungen. In zwei Gruppen werden wir diese Namensverbindungen hintereinander spielen.*

---

[1] Die Schüler werden hierbei nicht angesprochen, sondern einzeln lediglich deutlich angeschaut. Nach einer Erklärung und einer kurzen Übungsphase sind die Schüler in der Lage, dieser nonverbalen Aufforderung zu folgen. Ein Schüler, der sein Ergebnis zunächst nicht präsentieren möchte, sollte an dieser Stelle auch nicht dazu gedrängt werden. Der Blick wandert dann zu einem anderen Schüler.

Die ausgewählten Namensverbindungen werden den Gruppen zugeteilt. Nehmen wir an, die Klasse hat sich auf die beiden Namensverbindungen „Tim – Dirk" und „Nicklas – Roberto" geeinigt. Und weil sich bei unserem Beispiel in Gruppe A Tim und Dirk und in Gruppe B Nicklas und Roberto befinden, werden die Namen auch diesen Gruppen zugeteilt.
Die Lehrkraft spielt ein Metrum auf einem dominanten Instrument (z. B. Glocke). Auf Blickkontakt und Einzählen wird die Gruppe A aufgefordert, ihre Namensverbindung mehrere Male hintereinander zu spielen, z. B.:

Auch der Schluss wird ausgezählt. In den gespielten Rhythmus wird hineingezählt:

Auf das Wort „Schluss" wird der letzte Ton erzeugt. Das Weiterzählen erleichtert der Gruppe B den Einsatz. Wieder wird mit Blickkontakt gearbeitet. Die Gruppe B spielt dann die andere Namensverbindung.

Wieder wird der Schluss ausgezählt, sodass diesmal die Gruppe A ihren Einsatz ohne Probleme bekommt. Das von der Lehrkraft gespielte Metrum erklingt ohne Unterbrechung mit. Lediglich im Schlusstakt werden die Zählzeiten leise oder gar nicht mitgespielt. Sobald die Schüler das System des Wechsels durch Blickkontakt erkannt haben, werden die Namensverbindungen ohne Unterbrechung mehrere Male abwechselnd gespielt bzw. getrommelt.

Phase 6 – Klangwechsel: Je nach Instrumentenwahl kann die Auswahl des Klanges sehr unterschiedlich sein. Allerdings haben wir genauso im Bereich der Körperpercussion tiefe und hohe Klänge wie im Bereich der Alltagsgegenstände oder traditionellen Instrumente.

- *Wir legen einen speziellen Klang für unsere Namensverbindung fest.*

Eine neue Motivation für die Schüler, den Rhythmus weiterhin zu spielen, kann in jedem Fall der Wechsel des Klanges sein. Für die Namensverbindung „Tim – Dirk" eignet sich ein tiefer Ton gut. Je nach Art der Klangerzeugung kann dieser z. B. durch ein Mit-den-Füßen-Stampfen in der Körperpercussion, durch tief klingende große Trommeln im Bereich der traditionellen Instrumente oder durch eine mit einem weichen Trommelschlägel gespielte große Plastiktonne, wie sie oft im Baubereich genutzt werden, erzeugt werden.
Die Namensverbindung „Nicklas – Roberto" kann mit einem höheren Ton belegt werden, wie z. B. einfachem Klatschen, dem Patschen auf dem Stuhl oder dem Trommeln auf einer Djembé.
Die Namensverbindungen werden nun erneut, allerdings mit festgelegten Klängen gespielt. Obwohl hier die gleichen Rhythmen erklingen, ist mit dem Klangwechsel eine neue Hörerfahrung und oft eine neue Motivation verbunden.

Sobald die Namensverbindungen rhythmisch sicher beherrscht werden, können sie gleichzeitig gespielt werden:

■ *Wir spielen ab jetzt nicht mehr nacheinander, sondern gleichzeitig.*

1. Gruppe beginnt.

2. Gruppe kommt hinzu.

1. Gruppe hört auf, 2. Gruppe spielt noch weiter.

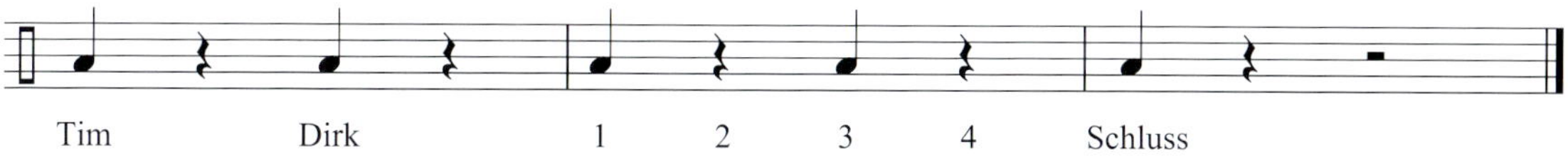

2. Gruppe hört auf.

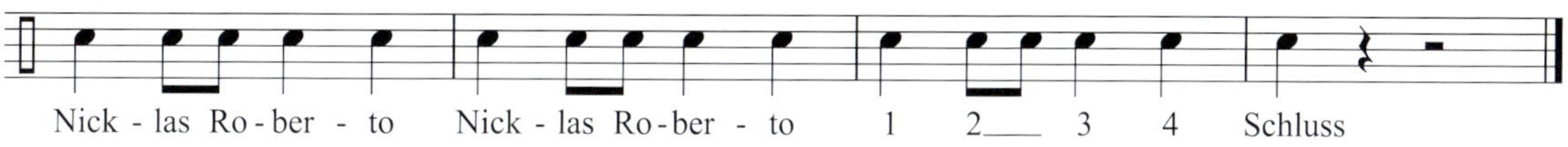

Das Ein- und Auszählen in dieser Form des Spielens ist für beide Gruppen gleichermaßen von Bedeutung. Je nach Leistungsstand der Gruppe können weitere Namensverbindungen hinzugefügt werden.

Phase 7 – Das Trommeln von Rhythmusbausteinen mit Improvisationsanteil: Das erarbeitete mehrstimmige Trommelergebnis wird durch Improvisationen und Breaks bereichert und/oder unterbrochen. Dabei werden einzelne Schüler aufgefordert, ihren eigenen Namen in die Trommelperformance mehrere Male laut hinein oder in organisierte Pausen zu spielen[1].
Die Anweisung an die Schüler lautet hier:

■ *Wir spielen unsere Trommelperformance und improvisieren dazu.*

Die vokale Unterstützung der Rhythmen durch Namensverbindungen (z. B. Hannah-Evelyn s.o.) hilft den Schülern, den Rhythmus schnell zu erlernen.
Die vokale Unterstützung wird erst laut, dann leiser und schließlich stumm „gesprochen".
Wie eingangs bereits erwähnt, können anstatt der Namen auch andere Textpassagen zu einem Rhythmus führen. Beispielhaft sind hier einige Wortverbindungen angeführt:

[1] Vgl. Baustein Das Trommeln im Drum Circle, S. 40 ff.

Schal - ke 0 4

Grau - brot mit Schin - ken

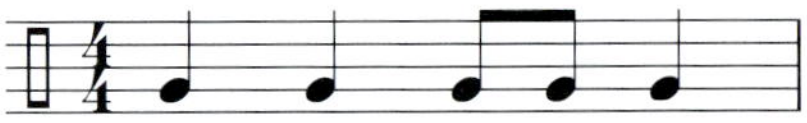
Scho - ko - la - den - brot

Erd - männ - chen geht in den Zoo zu der Rie - sen - schlan - ge

Rie - sen - schlan - ge, Rie - sen - schlan - ge, ei - ne lan - ge Rie - sen - schlan - ge

Heu - te nicht, denn es geht nicht.

Das Wort *nicht* wird „in die Luft" getrommelt bzw. gepatscht (Claverhythmus).

Wichtig bei der Vorgehensweise ist, dass die einzelnen Rhythmen von der ganzen Gruppe fehlerfrei gespielt werden sollten, bevor zwei oder mehr Rhythmen gleichzeitig gespielt werden. Sobald die Schüler mehrere Rhythmen gleichzeitig spielen, ist eine erhöhte Aufmerksamkeit und Konzentration der Schüler gefordert. Sie müssen sich dabei selbst und gleichzeitig die anderen wahrnehmen. Diese Voraussetzungen zum gemeinsamen Trommeln stellen eine hohe Anforderung an die Schüler dar, die je nach Leistungsstand nicht jeder Teilnehmer auf Anhieb mitbringt. Daher kann bereits eine zweistimmige Trommelperformance zu unrhythmischer Ausführung führen. Um diesem Problem entgegenzugehen und es zu minimieren, sollten mehrere Faktoren beachtet werden:

- Die Rhythmen können stabil bleiben, wenn ein angemessenes Metrum je nach Bedarf auf einer Trommel oder Glocke von der Lehrkraft oder einem rhythmisch sicheren Teilnehmer mitgespielt wird.
- Je nach Notwendigkeit und Bedarf wechselt die Lehrkraft vom Metrum zum Rhythmus I oder Rhythmus II usw., um die Gruppen zu stützen. Die Rhythmen werden dabei laut in die Trommelperformance hineingesprochen, sobald Unsicherheiten in den Rhythmusgruppen auftreten. Beim Wechsel von einem Rhythmus zum anderen ist es sinnvoll, auch den Klang auf dem Instrument zu ändern[1]. So können sich die Schüler auch anhand des veränderten Klangs orientieren.
- Erst wenn die Rhythmen sauber zusammenklingen, sollte ein weiterer Rhythmus eingebracht werden. Sollten die Gruppen dabei unsicher werden, ertönt entweder einer der anderen Rhythmen oder das Metrum, sodass die Schüler wieder in ihren Rhythmus hineinfinden können.
- Die Schüler sollten ausreichend Zeit zum Spielen haben und die erlernten Rhythmen wiederholen können. Der Drum Circle[2] bietet hierbei eine abwechslungsreiche Möglichkeit, mit den Rhythmen in unterschiedlicher Weise zu arbeiten. „Shaker" können leicht in eine Trommelperformance eingebunden werden und sie abrunden.

---

1 Auf einer Glocke können je nach Art der Schlagausführung und Klangbereich auf dem Instrument sehr unterschiedliche Klänge erzeugt werden. Ein Schlag auf dem offenen Ende entlockt der Glocke eher einen tiefen und auf dem geschlossenen einen hohen Ton.

2 Vgl. Baustein 2: Das Trommeln im Drum Circle

3.2.3 Erweiterte Rhythmusbausteine

Durch die Verbindung von Sprache und Rhythmen können Rhythmen dauerhaft erinnert werden. Mit der Stimme sprechen wir Rhythmusbausteine, gleichzeitig klatschen oder trommeln wir sie. Mit der Stimme werden wir immer leiser und gleichzeitig wird unsere Trommelaktion immer lauter. Unser Rhythmusbaustein gelangt somit von der Stimme in die Hände.
Oben haben wir solche Rhythmusbausteine, die wir aus Namen oder kurzen Sätzen zusammengesetzt haben, kennengelernt. Die im Folgenden aufgeführten Beispiele sind eine Erweiterung solcher Rhythmusbausteine und sollen gleichsam eine Anregungen zum Erfinden von eigenen Rhythmusbausteinen sein. Zu beachten ist dabei, dass unterschiedliche Rhythmusbausteine gleiche Rhythmen ergeben können. Der Rhythmusbaustein „Schalke-04" klingt „mit den Händen gesprochen" genauso wie „Pizza mit Eis" oder „Lili Marleen". Werden also eigene Bausteine erfunden, ist gerade bei dem mehrstimmigen Spiel darauf zu achten, dass sich die Rhythmusbausteine deutlich unterscheiden.

3.2.4 Die Herangehensweise

Aufbauend auf der Rhythmusschulung mithilfe von Rhythmusbausteinen (s.o.), erfolgt die Arbeit mit erweiterten Rhythmusbausteinen auf der Grundlage eines zentralen Beispiels:

- *Ich mag heut' die Schokolade und die Made mag Banane.*

Dieses Beispiel kann beliebig verändert werden, allerdings sollte es zu Beginn in einen 4/4-Takt hineinpassen, z. B.

- *Lisa geht mit Tina heute in die Pizzeria, Leute.*

oder

- *Skaten ist für Schüler fein, die Lehrer lassen's besser sein.*

Andere Satzkonstruktionen sind natürlich denkbar. Der ausgewählte Rhythmusbaustein sollte allen Schülern bekannt sein und rhythmisch begleitet werden können. Die rhythmische Begleitung kann an dieser Stelle ein abwechselndes Patschen mit beiden Händen (rechts, links) auf einen gewählten Klangkörper (Oberschenkel, Djembé o.a.) sein.
Die Erklärungen erfolgen frontal mithilfe der entsprechenden Folien (Folie 5, „Rhythmusbaustein 0", S. 66). Nach den Arbeitsanweisungen sollten die Schüler einen kurzen Moment die Möglichkeit erhalten, die Aufgabe unter Einhaltung der Spielregel[1] zu lösen. Die Lösung der Aufgabenstellung kann in Einzel-, Partnerarbeit oder in Kleingruppen (Stuhlnachbarn) von maximal drei Schülern stattfinden.
Die richtigen Lösungen der Schüler werden jeweils anschließend im Klassenverband gemeinsam, ggf. auch in unterschiedlichen Tempi gespielt.
Während des gemeinsamen Musizierens sitzen die Schüler im Klassenverband im Stuhlhalbkreis. Diese Sitzordnung wird auch in den Phasen des Ausprobierens nicht wesentlich verlassen.

Beispiel 1:
Die Schüler haben von diesem Rhythmusbaustein eine optische Vorlage (Folienvorlage 5, „Rhythmusbaustein 0", S. 66). Die Stimme ist in Form eines Rhythmusbausteins die Orien-

[1] Vgl. Baustein 2: Das Trommeln im Drum Circle, Abschnitt 2.3.3 zum Punkt Arbeitsregeln, S. 49.

tierung. Der Rhythmusbaustein wird zunächst gesprochen, erst langsam, dann immer schneller. Die Anweisung an die Schüler lautet hier beispielsweise:

- *Können wir den Rhythmusbaustein so gleichmäßig sprechen, dass er klingt, als würde ihn nur eine Person sprechen?*

und

- *Können wir ihn genauso gleichmäßig, aber schneller sprechen?*

Wenn dieser Rhythmusbaustein fließend „über die Lippen geht", übertragen wir die Silben in die Hände, die starke (in diesem Beispiel die rechte) Hand beginnt. Abwechselnd mit der rechten (R) und der linken (L) Hand patschen die Schüler auf den gewählten Klangkörper.

- *Wer kann diesen Satz mit der rechten und der linken Hand abwechselnd trommeln?*

und

- *Können wir den Rhythmusbaustein gemeinsam und genauso gleichmäßig wie beim Sprechen trommeln?*

Unterschiedliche Akzente auf unterschiedlichen Wortsilben machen den Rhythmus interessant. So können die Akzente zunächst auf den Worten bzw. Silben „Ich", „Scho", „und" und „mag" liegen (kursiv kenntlich gemacht). Die mit Akzenten belegten Wörter werden etwas lauter gespielt. So entsteht ein jeweils auf der 1 akzentuierter gerader Takt, der in der Regel relativ leicht zu spielen ist. Die Aufgabe an die Schüler lautet nun:

- *Wer kann den Rhythmus so spielen, dass die mit einem Häkchen versehenen Silben lauter klingen?*

	>				>				>				>			
Stimme	*Ich*	mag	heut'	die	*Scho*	ko	la	de	*und*	die	Ma	de	*mag*	Ba	na	ne
Patschen	**R**	L	R	L	**R**	L	R	L	**R**	L	R	L	**R**	L	R	L

Im weiteren Verlauf des Übens werden die Akzente nach und nach auf andere Wörter ausgeweitet. Natürlich können Wörter ihren Akzent auch verlieren.
Wir geben zunächst nacheinander zwei weitere Beispiele:

- *Schaut euch Beispiel a) an und versucht, den Rhythmus herauszufinden.*

a)

	>				>		>				>		>			
Stimme	*Ich*	mag	heut'	die	*Scho*	ko	*la*	de	und	die	*Ma*	de	*mag*	Ba	na	ne
Patschen	**R**	L	R	L	**R**	L	R	L	R	L	**R**	L	**R**	L	R	L

- *Schaut euch Beispiel b) an und versucht, auch hier den Rhythmus herauszufinden.*

b)

	>				>			>			>		>			
Stimme	*Ich*	mag	heut'	die	*Scho*	ko	la	*de*	und	die	*Ma*	de	*mag*	Ba	na	ne
Patschen	**R**	L	R	L	**R**	L	R	**L**	R	L	**R**	L	**R**	L	R	L

Werden die Schüler in die Auswahl der akzentuierenden Wörter mit einbezogen, entstehen sehr vielseitige Rhythmen, die von den Schülern oft auch gerne umgesetzt werden.
In diesem Falle empfiehlt es sich, die Folienvorlage 5 „Rhythmusbausteine 0", S. 66, zur Kenntlichmachung der Akzente zu nutzen. Jeweils vier bis sechs von den Schülern vorgeschlagene Wörter werden mit einem abwischbaren Stift auf der Folie mit > gekennzeichnet:

- *Kennzeichnet nun selbst maximal sechs Silben und versucht herauszufinden, wie euer Rhythmus klingt.*

Als Ratespiel versuchen die Schüler allein oder in Paaren herauszufinden, wie der „neue Rhythmus" klingt, z. B.:

Stimme	Ich	mag	heut'	die	Scho	ko	la	de	und	die	Ma	de	mag	Ba	na	ne
Patschen	R	L	R	L	R	L	R	L	R	L	R	L	R	L	R	L

Das Kennzeichnen kann am OH-Projektor vorgenommen werden. Dabei kann es sich um eine Idee eines einzelnen Schülers handeln, es können aber auch mehrere Vorschläge von Schülern aus der Klasse gemischt werden.
Derjenige Schüler, der als Erstes den neuen Rhythmus meint spielen zu können, stellt ihn vor. Dabei ist die Stimme auch hier wieder ein Hilfsmittel, das die Schüler in der Übungsphase nutzen, das aber in der Präsentation nicht mehr nicht mehr herangezogen wird. Die Mitschüler kontrollieren und korrigieren ggf. Anschließend wird dieser Rhythmus von allen gespielt, bis er weitgehend fehlerfrei gespielt werden kann.
Dann beginnt der Prozess von vorn. Zum Schluss dieses Lernprozesses könnte ein Claverhythmus von der Lehrkraft vorgestellt werden, vgl. auch Folienvorlage 6 „Rhythmusbaustein 1 (Claverhythmus)", S. 67.

	>			>			>				>		>			
Stimme	***Ich***	mag	heut'	***die***	Scho	ko	***la***	de	und	die	***Ma***	de	***mag***	Ba	na	ne
Patschen	**R**	L	R	**L**	R	L	**R**	L	R	L	**R**	L	**R**	L	R	L

Dieser Rhythmus ist ein attraktiver Begleitrhythmus zu lateinamerikanischen Klängen, der von einer Klasse i.d.R. lange geübt werden muss, bevor er mit Leichtigkeit gespielt werden kann. Ihn bei vielen Gelegenheiten zu üben gewährleistet, dass er in naher Zukunft eingesetzt werden kann.
Obwohl einige Schüler beim Trommeln von Rhythmen die Sprache als Hilfsmittel sehr schnell nicht mehr brauchen, werden sie beim Lernen der Rhythmen immer wieder aufgefordert, den Rhythmusbaustein zu Beginn laut zu sprechen, um ihn an Wörter zu binden und ggf. Tage später mithilfe dieser Wörter bzw. Sätze abrufen zu können. Im Verlauf des Übens sollen die gesprochenen Rhythmusbausteine immer leiser erklingen, bis sie nur noch in Gedanken gesprochen werden. Denn letztendlich ist es doch die Aufgabe der Schüler, den Rhythmus „von den Händen" sprechen zu lassen:

- *Wer schafft es, den Claverhythmus zu spielen, ohne ihn laut mitzusprechen?*

Das Spielen mit Akzenten setzt sowohl das leichte als auch das kraftvolle Spiel voraus. Schülern fällt es gerade zu Beginn der Rhythmusschulung schwer, das differenzierte Spiel zwischen akzentuierten und weichen Klängen wohl dosiert einzusetzen. Eine Conga oder Djembé kann sehr motivierend wirken, allerdings können sie die Hände sehr strapazieren. Traditionelle Instrumente können zudem sehr laut sein. Die Körperpercussion ist zwar nicht laut, kann aber je nach Rhythmus und Dauer des Übens durchaus auch schmerzhaft sein.

Daher sollte der Klangkörper gut gewählt sein. Attraktive Trommeln[1], die z. B. im Kunstunterricht selbst gebaut wurden, werden von ihren Besitzern i.d.R. eher „vorsichtig" behandelt. Trotzdem werden auch hier letztendlich differenzierte Töne gespielt – eben etwas behutsamer.

Beispiel 2:
Auch in diesem Beispiel ist die Stimme die Grundlage, jedoch die eines mehrstimmigen Rhythmus. Während im vorherigen Beispiel ein ganzer Satz zu einem Rhythmus mit unterschiedlichen Akzenten umgewandelt wurde, besteht die Aufgabe in dem folgenden Beispiel darin, nur spezielle Silben aus einem Satz in Klang umzusetzen.[2]
Neben dem verbalen Hilfsmittel (Stimme) als Orientierung erhalten die Schüler eine optische Orientierung in Form einer Folie (Folienvorlage 7, „Rhythmen erkunden", S. 68). Diese Folie gibt den Schülern die Grundlage für das selbstständige Erarbeiten dieses Rhythmus.
Der Rhythmus ist dreistimmig und mit einem verbalen Rhythmusbaustein („Obstsalat mit roten Kirschen essen wir im Sommer gerne") unterlegt. Wie in dem o.a. Beispiel wird der unterlegte Baustein in Form eines Satzes von allen Schülern zunächst gesprochen: erst laut, dann leise und später nur noch „stumm".
Um die Schüler auf die bevorstehende Aufgabe vorzubereiten, werden zwei unterschiedliche Aufgaben an zwei Gruppen verteilt, z. B. die Gruppe der Mädchen und die Gruppe der Jungen. An die Mädchen könnte hier als Beispiel folgende Anweisung gehen:

- *Klatscht bitte alle Nomen in diesem Rhythmusbaustein und wiederholt den Baustein mehrere Male.*

Die Jungen kontrollieren und korrigieren ggf.

Mädchen

Die Aufgabe der Jungen im zweiten Beispiel ist folgende:

- *Stampft das Verb in diesem Rhythmusbaustein und wiederholt den Baustein mehrere Male.*

Hier kontrollieren und korrigieren die Mädchen.

Jungen

Der nächste Schritt in der Vorbereitung der Gruppenarbeit mit erweiterten Rhythmusbausteinen ist das gleichzeitige Spielen beider Beispiele:

- *Wie klingt es wohl, wenn wir beide Beispiele gleichzeitig spielen?*

---

1 Vgl. Zusatzmaterial 2: Der Instrumentenbau, S. 96
2 Ein ggf. fächerübergreifender Ansatz mit Deutsch gelingt besonders gut, wenn Fächerinhalte in den Klassen innerhalb des Kollegiums besprochen werden können.

Durch ein Vorzählen[1] in einem angemessenen Tempo[2] setzen die Schüler gleichzeitig mit ihrem Spiel ein.

Natürlich ist die recht überschaubare Auswahl der in Klang umzusetzenden Worte sowie die Gruppeneinteilung in Mädchen und Jungen, wie in dem vorgestellten Beispielen aufgeführt, nur eine Anregung und kann je nach Klasse bzw. Gruppe erheblich von den dargestellten Exempeln abweichen. Um die Aufgabenstellung zu verdeutlichen, sollte im Vorfeld aber ein Beispiel in Kleinformat, etwa in der o.a. Form, und mithilfe der an die Wand projizierten Folie erfolgen.
Interessanter wird diese Vorarbeit durch eine schwierigere Auswahl in Klang umzusetzender Worte, zumal wenn sie mit einem kleinen Wettspiel verbunden wird: Ziel ist es dabei, den Rhythmus dreimal fehlerfrei hintereinander zu spielen. Sobald ein Schüler unpassend in eine Pause klatscht bzw. stampft, müssen alle wieder von vorn anfangen.
Um die Zeit für die selbstständige Arbeit der Schüler möglichst hoch zu halten, erfolgt die Aufgabenstellung frontal. Anschließend werden die Gruppen eingeteilt. Die erste Gruppe übernimmt den Part des Stampfens, die zweite und dritte Gruppe die Parts des Patschens und des Klatschens. Wie bereits in den vorhergehenden Beispielen, bietet es sich an, die Schüler frei arbeiten zu lassen:

- *Findet heraus, wie der zu eurer Gruppe gehörende Rhythmus klingt.*

Stampfen Gruppe I	x		x		x			x	x			x	x			x
Patschen Gruppe II	x	x	x						x	x	x		x	x	x	x
Klatschen Gruppe III	x			x			x				x		x			
Verbaler Rhythmus-baustein	Obst	sa	lat	mit	ro	ten	Kir	schen	es	sen	wir	im	Som	mer	ger	ne

Anstatt der Körperpercussion können z.B. folgende Instrumente eingesetzt werden: Tiefe Trommel, Becken, Clave. Dieser mehrstimmige Rhythmus ist durchaus anspruchsvoll. Um ihn sauber spielen zu können, bedarf es i.d.R. einiger Übungszeit.

[1] Vgl. oben und Baustein 2: Das Trommeln im Drum Circle
[2] Es ist für den Lernerfolg günstig, das von den Schülern beim Spielen der Beispiele a) und b) genutzte Tempo zu übernehmen.

Sehr schön klingt dazu der folgende auf der Djembé gespielte Rhythmus. Mit > gekennzeichnete Schläge werden akzentuiert in der Mitte, die nicht gekennzeichneten am Rand des Trommelfells gespielt, R und L stehen für die rechte und linke Hand (für leistungsstarke Schüler geeignet):

	>				>			>	>				>			
Patschen bzw. Trommeln mit Akzenten	R		L	R	L	R	L	R	L		R	L	R		L	
Verbaler Rhythmus-baustein	Obst	sa	lat	mit	ro	ten	Kir	schen	es	sen	wir	im	Som	mer	ger	ne

Leere Kästchen klingen nicht!

Aus Namen werden Rhythmen

10 Minuten

Ihr hört einen gleichmäßigen Schlag (Metrum).

1. *Tippt dieses Metrum mit dem Zeigefinger mit, ohne dabei schneller oder langsamer zu werden. Kontrolliert euch dabei gegenseitig.*

2. *Klatscht oder patscht abwechselnd euren eigenen Namen zum Metrum.*

3. *Probiert andere Möglichkeiten aus, eure Namen zu klatschen oder zu patschen.*

4. *Entscheidet euch für eine Möglichkeit, eure Namen zu klatschen oder zu patschen.*

Wenn ihr fertig seid, setzt euch in den Stuhlhalbkreis. Sobald alle im Halbkreis ihren Platz eingenommen haben und leise sind, kann es weitergehen.

Rhythmusbaustein 0

Stimme	Ich	mag	heut'	die	Scho	ko	la	de	und	die	Ma	de	mag	Ba	na	ne
Patschen	R	L	R	L	R	L	R	L	R	L	R	L	R	L	R	L

Rhythmusbaustein 1 (Claverhythmus)

	>			>			>				>		>			
Stimme	***Ich***	mag	heut'	***die***	Scho	ko	***la***	de	und	die	***Ma***	de	***mag***	Ba	na	ne
Patschen	**R**	L	R	**L**	R	L	**R**	L	R	L	**R**	L	**R**	L	R	L

Rhythmen erkunden

Gruppe I **Stampfen**	X		X		X			X	X				X			X
Gruppe II **Patschen**	X		X	X	X	X	X	X	X		X	X	X		X	
Gruppe III **Klatschen**	X			X			X				X		X			
Verbaler Rhythmus-baustein	Obst	sa	lat	mit	ro	ten	Kir	schen	es	sen	wir	im	Som	mer	ger	ne

■ *Findet heraus, wie der zu eurer Gruppe gehörende Rhythmus klingt.*

Baustein 4

Rhythmusschulung mit Stomp

4.1 Einleitung

Rhythmusschulung kann vielfältige Wege beschreiten – Stomp ist nur eine dieser Möglichkeiten. Diese spezielle Rhythmusschulung wird im Folgenden entlang dreier Leitfragen erklärt:

- Was ist Stomp?
- Welche Möglichkeiten bietet Stomp?
- Wie kann mit Stomp gearbeitet werden?

Was ist Stomp?

Das Wort „Stomp" kommt aus dem angloamerikanischen Sprachraum und bedeutet so viel wie „stampfen" oder „aufstampfen" und wird heute selbstverständlich benutzt, sobald Musik erklingt, die mithilfe des Körpers durch Klatschen, Patschen, Stampfen und Schnipsen (Körperpercussion) oder unterschiedlicher Alltagsgegenstände wie Besen, Töpfen, Eimern, Streichholzschachteln, Tischen usw. erzeugt wird. Auch Geräusche mit der Stimme können dabei eine Rolle spielen.
Die gleichnamige Gruppe aus New York machte Stomp als Musikstil durch ihre internationalen Tourneen, auf denen sie ihre Musik-Tanz-Performance präsentierte, populär. Auf Videos dieser[1] oder anderer Gruppen können exemplarisch verschiedene Szenen und Umsetzungsmöglichkeiten aus dem Bereich Stomp entnommen werden. Solche Videos bieten einen Einblick in die Möglichkeiten von Stomp und können ein Einstieg vor der Erarbeitung einer eigenen Stompperformance sein.

Welche Möglichkeiten bietet Stomp?

Stomp bietet vielseitige Möglichkeiten: Mithilfe von Stomp können eigenständige zwei- oder mehrtaktige rhythmische und/oder melodische Patterns entstehen, über die Musiker einzeln oder in Kleingruppen improvisieren. Es können interessante Tanz-Klang-Verbindungen entstehen oder Möglichkeiten zur Begleitung von Songs erarbeitet werden.
Bei der Arbeit mit Stomp gibt es keine falschen Ergebnisse. Alle gefundenen Rhythmen und mit den Rhythmen in Verbindung stehenden Bewegungen können genutzt werden. Damit ist ein Misserfolg weitgehend ausgeschlossen. Deshalb bietet Stomp in hohem Maße die Chance sowohl das eigenverantwortliche und selbstständige Arbeiten ggf. in Gruppen als auch die Kreativität zu schulen.
Unter dem Aspekt des permanenten Instrumentenmangels an Schulen und dem Anspruch an einen Musikunterricht, bei dem „handlungsorientierten Verfahren der Vorzug zu geben (ist)"[2], ist für Schulen der Umgang mit Stomp eine gute Möglichkeit, mit vergleichsweise geringem materiellen Aufwand eine hervorragende Rhythmusschulung durchzuführen.

---

[1] Z. B. „Stomp out loud" auf www.youtube.com. Weitere Videos sind unter dem Wort Stomp auf www.vimeo.com, www.myvideo.de usw. zu finden.

[2] Kultusminister des Landes NRW, Richtlinien und Lehrpläne für die Hauptschule in Nordrhein-Westfalen 1989, S. 37

Wie kann mit Stomp gearbeitet werden?

Die Rhythmen einer Stompperformance auf Alltagsmaterialien können u. a. mithilfe der in Baustein 3 „Mit der Sprache zum Rhythmus" und in Baustein 2 „Das Trommeln im Drum Circle" dargestellten Möglichkeiten erarbeitet werden.
Nach einer kurzen Einführung in den Themenbereich ist es aber auch möglich, Schülern sowohl die Klangauswahl ihrer Stompaufgabe, das Erfinden von Rhythmen als auch die Gestaltung einer Performance selbst zu überlassen. Zu beachten ist dabei, dass Stomp einen unüberschaubaren Reichtum an Möglichkeiten bietet, die Schüler auch überfordern können. Je nach Zielgruppe ist es deshalb sinnvoll, innerhalb eines Rahmens, der u. a. konkrete Ziele, die zur Verfügung stehenden Klangquellen[1] und/oder die zur Bearbeitung benötigte Zeit vorgibt. Unter dem Aspekt des selbstständigen und eigenverantwortlichen Arbeitens, haben nicht nur rhythmuserfahrene und geübte Schüler bei der Arbeit mit Stomp die Möglichkeit, weitgehend frei und kreativ zu gestalten und so nach Bedarf eine „Performance-Show" zu kreieren.
Beachtet man die Leistungsvoraussetzungen der Schüler und bietet ihnen angemessene Hilfen, dazu gehören wie bereits erwähnt im konkreten Fall auch die Vorauswahl von Instrumenten bzw. eine Zeitvorgabe oder konkrete Ziele (s.o.), können alle Schüler, ganz gleich welche Leistungsvoraussetzungen sie haben, in unterschiedlicher Art und Weise in das aktive Musikgeschehen einbezogen werden.
Wie bereits im einleitenden Teil angedeutet, stellt das gleichmäßige, über einen gewissen Zeitraum ausgedehnte Zusammenspiel eine hohe Anforderung an die Aufmerksamkeit und die Konzentration. Die Teilnehmer müssen dabei zum einen sich selbst zuhören und die technische Ausführung ihres eigenen Rhythmus beherrschen und kontrollieren, zum anderen aber gleichzeitig den Mitspielern zuhören und sich zeitgenau einbringen. Der Schwierigkeitsgrad dieser Anforderungen kann durch die Konzentration auf wenige leichte Rhythmen reduziert oder durch Hinzunahme mehrerer von unterschiedlichen Gruppen gleichzeitig gespielter Rhythmen erheblich gesteigert werden.
Die drei im Folgenden vorgestellten Möglichkeiten zur Erarbeitung einer Stompperformance, zeigen handlungsorientierte und abwechslungsreiche, zum Teil fächerübergreifende Herangehensweisen an Stomp auf.

4.2 Überblick: Stomp und die Verklanglichung einer Maschine

Definition	Mit einer „Verklanglichung einer Maschine" kann in den Themenbereich „Stomp" eingeführt werden. Hier werden sowohl Körperklänge als auch Klänge auf Alltagsmaterialien gefunden und mit ihnen experimentiert.
Chancen und Ziele	Die „Verklanglichung einer Maschine" stellt eine Möglichkeit dar, in Gruppen mit maximal sechs Personen experimentell zu arbeiten. Die Maschinen bieten ein breites Spektrum an Möglichkeiten ihrer Realisation. Somit besteht auch die Möglichkeit, auf die individuelle Leistungsfähigkeit und -fertigkeit der Schüler einzugehen, denn jeder Schüler kann sich seinem Leistungsstand entsprechend in die Gruppe einbringen.

[1] Es ist durchaus sinnvoll, für im Bereich des selbstständigen und eigenverantwortlichen Arbeitens bei ungeübten Schülern eine Vorauswahl von Klangquellen zu treffen, aus der die Schüler ihre bevorzugten „Instrumente" auswählen können.

Geeignete Anlässe	Die „Verklanglichung einer Maschine" eignet sich immer dort, wo in neue Klangquellen (auch Instrumente) eingeführt wird. Sie ist aber auch eine Möglichkeit, in den Bereich des selbstständigen und eigenverantwortlichen Arbeitens einzuführen.
Mögliche Probleme	Jeder Teilnehmer sollte bereits Erfahrungen in der Gruppenarbeit haben, spezielle Regeln sollten aufgestellt sein und weitgehend eingehalten werden können (vgl. Baustein 2: Das Trommeln im Drum Circle, Abschnitt 2.3.3: Die Erarbeitung eines Breaks in Kleingruppen, S. 49). Grundsätzlich kann mit dieser Methode jeder Teilnehmer aktiv zu einem Ergebnis beitragen. Da die Teilnehmer mit dieser Methode jedoch relativ selbstständig arbeiten können und sollten, besteht auch die Möglichkeit, sich unbemerkt aus dem Geschehen herauszuhalten. Es ist daher darauf zu achten, dass sich wirklich jeder an dem Arbeitsprozess beteiligt.
Worauf Sie achten sollten ...	Auf dem Arbeitsblatt 1, S. 80: Verklanglichung einer Maschine (Kartenauswahl) werden sechs beispielhafte Maschinen beschrieben. Individuelle Abwandlungen oder gar das Erfinden anderer Maschinen sollten unbedingt in Betracht gezogen werden. Die beispielhaften Maschinen bestehen aus vier bis sechs Arbeitsschritten. Dabei sollte darauf geachtet werden, dass die Schritte mit separaten ggf. charakteristischen, aber auch Fantasiegeräuschen dargestellt werden (pro Schritt ein Geräusch). Die Auswahl der Alltagsmaterialien pro Gruppe sollte dem Leistungsniveau der Gruppe angepasst und ggf. minimiert und damit überschaubar sein.
Materialien	Besen, Töpfe, Holzkellen, Reibebretter, Aluminiumfolie, Flaschen, ggf. Gläser usw. Folienvorlage 8, S. 78: Verklanglichung einer Maschine (Aufgabenstellung für die Gruppenarbeit), OH-Projektor Folienvorlage 9, S. 79: Verklanglichung einer Maschine (Beobachtungsaufgaben) Arbeitsblatt 1, S. 80: Verklanglichung einer Maschine (Kartenauswahl)

4.3 Hinweise zur Herangehensweise

Die Verklanglichung einer Maschine erfolgt in fünf Phasen:

1. Verteilen der Karten: Der „Gruppenleiter"[1] jeder Gruppe zieht eine der verdeckten Maschinen-Karten. Hat jede Gruppe eine Karte, kann sie mit einer tauschwilligen Gruppe getauscht werden, ansonsten behält jede Gruppe ihre Karte. Hat eine Gruppe eine eigene Maschine, die sie darstellen möchte, wird die gezogene Karte wieder zurückgegeben.
2. Die Funktion einer Maschine wird erläutert: Eine Maschine stellt einen Gegenstand her. Dafür muss sie erst eingeschaltet werden. Die einzelnen Maschinenarbeitsschritte erfolgen dann nacheinander in einem immer wiederkehrenden gleichen Zeitraum. Manche Maschinen fertigen in mehreren Schritten nur einen Gegenstand an. Erst wenn dieser Gegenstand fertig produziert ist, beginnt die nächste Fertigung. Andere Maschinen fertigen die Gegenstände schneller hintereinander an. Sobald der erste Maschinenarbeitsschritt beendet ist und der Gegenstand auf den Weg in die nächsten Maschinenarbeitsschritte ist, wird der erste wieder „gefüttert", sodass in keinem Moment ein Maschinenarbeitsschritt stillsteht. Erst wenn die Maschine ausgeschaltet wird, wird der erste Maschinenarbeitsschritt nicht mehr „gefüttert", sodass der zuletzt von Maschinenarbeitsschritt eins weitergegebene Gegenstand noch bis zum Ende durchläuft und dann die Maschine stillsteht – es sei denn sie hat einen Kurzschluss ...

[1] Gerade in größeren Gruppen kann ein Gruppenleiter sinnvolle Arbeit leisten. Z. B. können Differenzen innerhalb der Gruppe mit einem Gruppenleiter oft auch innerhalb dieser Gruppe geregelt werden, ohne den Arbeitsprozess deutlich zu stören.
Grundsätzlich gilt hierbei aber, dass die einzelnen Aufgaben, die ein Gruppenleiter übernimmt, im Klassenverband im Vorfeld abgesprochen werden sollten. Ein Gruppenleiter wird von seiner Gruppe gewählt.

3. Die Aufgabenstellung wird erläutert: Auf einer Folie (Folienvorlage 8: „Verklanglichung einer Maschine (Aufgabenstellung für die Gruppenarbeit)", S. 78) kann die Aufgabenstellung für jeden Teilnehmer transparent und jederzeit nachvollziehbar und nachkontrollierbar gemacht werden[1]. Mit Aufnahme der Gruppenarbeit wird Folie 8 aufgelegt. Ggf. kann diese Folie aber auch kopiert und den einzelnen Gruppen ausgehändigt werden.

4. Gruppenarbeitsphase: Nach der Aufgabenstellung kann die Gruppenarbeit beginnen. Mithilfe eines Weckers (oder einer Eieruhr) wird der Zeitrahmen festgelegt[2] (siehe auch oben).

5. Präsentation: Einzelne Gruppen präsentieren ihre Ergebnisse.

Die im Anschluss an die Folienvorlage 8 (Aufgabenstellung für die Gruppenarbeit) aufgestellten Beobachtungsaufgaben sind Zielorientierungen sowohl für die arbeitenden Gruppen in der Arbeitsphase als auch für die anschließende Reflexion, in der alle nicht vortragenden Schüler anhand der Beobachtungsaufgaben vortragende Gruppen bewerten und ggf. Tipps zur Verbesserung geben können. Diese Beobachtungsaufgaben verbalisieren Kriterien für ein gutes Arbeitsergebnis und bieten den Schülern in zweierlei Hinsicht eine Orientierung (Folienvorlage 9 „Verklanglichung einer Maschine (Beobachtungsaufgaben)", S. 79):

a. als agierende Schüler während der Arbeitsphase und
b. als zuschauende Schüler während der Präsentation einzelner Ergebnisse.

Diese Beobachtungsaufgaben auf der Folienvorlage 9 sind wie bei der Folie 8 in Tabellenform gehalten und der Reihe nach den Arbeitsschritten gemäß angeordnet. Danach gibt es für jeden Arbeitsschritt Beobachtungsaufgaben, die die Arbeitsergebnisse aus diesem Arbeitsschritt erfragen. Mit der Beantwortung dieser Fragen haben die agierenden Schüler die Möglichkeit, sich zu kontrollieren und ggf. zu korrigieren. Die zuschauenden Schüler haben mit diesen Beobachtungsaufgaben konkrete Anhaltspunkte für eine anschließende Reflexion mit differenzierten Aussagen über die Arbeitsergebnisse, ggf. einem Vergleich oder gar einer begründeten Beurteilung. Wenn die Ergebnisse gelungen sind, kann anhand dieser Beobachtungsaufgaben festgemacht werden, woran es gelegen hat, dass die Präsentation gelungen ist, und umgekehrt lassen sich Defizite herausstellen, an denen noch gearbeitet werden könnte. Bei der Präsentation wird diese Folie aufgelegt.

In dem folgenden Beispiel arbeiten die Teilnehmer in **Gruppen von vier bis sechs Personen** einschließlich eines Gruppenleiters.

Sind die Teilnehmer in der Gruppenarbeit schon geübt und an die Regeln herangeführt[3], arbeiten sie ggf. in Stammgruppen[4], und kennen sie die Grundsätze für Experimentierpha-

---

[1] Ziele sollten für die Schüler klar formuliert und visuell präsentiert werden. So können sich die Schüler jederzeit daran orientieren und die Ziele werden auch in längeren Einzel- oder Gruppenarbeitsphasen nicht aus dem Blick verloren.

[2] Für die Bewältigung eines Arbeitsauftrags erhalten die Schüler eine befristete Zeit, innerhalb derer die Aufgabe erledigt werden soll. Ein „Kurzzeitwecker" kann die Zeitkontrolle übernehmen, er klingelt, sobald die Zeit vorüber ist. Die Transparenz über das Verstreichen der Zeit gibt den Schülern eine Orientierung und Anhaltspunkte darüber, ob, und wie sehr sie sich anstrengen müssen, um das Ziel zu erreichen. Eine Verlängerung dieser Zeit ist durchaus möglich, jedoch sollte vermieden werden, sie generell zu verlängern, siehe auch „Allgemeine Tipps für die Lehrkraft" S. 95.
Schüler gewöhnen sich schnell daran, dass ihnen nur eine befristete Zeit zur Verfügung steht. Sie lernen u. a. dabei, mit ihrer Aufgabe schnell zu beginnen, die kurze Zeit effektiv zu nutzen und zielorientiert zu arbeiten.

[3] Arbeitsregeln wie z. B. leises Sprechen, nur in der eigenen Gruppe arbeiten oder das Festlegen bestimmter Arbeitsmaterialien unterstützen Schüler beim ökonomischen, zielorientierten Arbeiten. Diese Arbeitsregeln sollten für die Schüler nachvollziehbar sein und z. B. an der Tafel oder auf einem Plakat visuell fixiert sein, siehe auch „Allgemeine Tipps für die Lehrkraft", S. 95.

[4] Schülergruppen, die über einen längeren Zeitraum, z. B. über mehrere Wochen, zusammenarbeiten, findet man in der Literatur oft unter dem Begriff Stammgruppe. Die Einteilung von Gruppen vor einem Arbeitsauftrag fällt bei der Arbeit mit Stammgruppen weg. Die Schüler wissen, einmal in einer Stammgruppe eingeteilt, zu welcher sie gehören und ordnen sich ihr bei einem Gruppenarbeitsauftrag selbstständig zu, siehe auch „Allgemeine Tipps für die Lehrkraft", S. 95.
Eine Arbeit in einer Stammgruppe kann sehr effektiv sein. Dennoch sollte die Gruppenzusammensetzung nach einer gewissen Zeit gewechselt werden.

sen[1], so können die einzelnen Arbeitsphasen schnell erarbeitet werden. In diesem Fall kann die Einführung in den Themenbereich „Stomp" in relativ kurzer Zeit erfolgen.
Andernfalls kann mit diesem Beispiel der Fokus auch auf Schlüsselqualifikationen wie das „Selbstständige Arbeiten mithilfe von Aufgabenblättern" oder die „Einhaltung von vorgegebenen Zeiten" gelegt werden. Hierfür sollte jedoch mehr Zeit investiert werden.

4.4 Überblick: Stomp als Liedbegleitung mit Körperpercussion

Definition	Mit einer Liedbegleitung mit Körperklängen erleben die Teilnehmer die Körperpercussion als Begleitinstrument, das über die alltägliche Begleitung durch Klatschen hinausgeht. Auch hier können wir einen Weg zur Rhythmusschulung ohne aufwendige Materialien gehen.
Chancen und Ziele	Eine Liedbegleitung mit Körperpercussion führt in die *Klangwelt* ein, die wir mit unserem Körper herstellen können. Mehrere, mit dem Körper hergestellte ein- oder mehrtaktige Pattern gleichzeitig gespielt, können in die *Mehrstimmigkeit* einführen. Durch das Erarbeiten einfacher und schwerer Pattern kann auf die *individuelle Leistungsfähigkeit und -fertigkeit* der Schüler eingegangen werden. Die Erarbeitung von Pattern mit Körperpercussion kann durch einfache frontale Vorgaben genauso erfolgen, wie in der *Gruppenarbeit*.
Geeignete Anlässe	Die Begleitung durch Körperpercussion eignet sich dann, wenn neue Lieder vorgestellt werden, oder alte neu aufgenommen werden sollen. Ein Pattern mit Körperpercussion kann aber auch als Bewegungspause dienen und damit abfallender Konzentration entgegenwirken. Rhythmische Besonderheiten in einem Lied können mithilfe der Körperpercussion verdeutlicht werden.
Mögliche Probleme	Da die Körperpercussion in unserem Kulturkreis wenig verbreitet ist, fehlt unseren Schülern oft die Vorstellungskraft über die vielseitigen Möglichkeiten einer Körperpercussion. Ein Videovortrag oder eine praktische Vorführung kann dabei sehr hilfreich sein. Wird eine Gruppenarbeit in Erwägung gezogen, sollten die Teilnehmer bereits Erfahrungen in der Gruppenarbeit haben, spezielle Regeln aufgestellt sein und weitgehend eingehalten werden können (siehe Hinweise zur Herangehensweise, S. 74). Einerseits können die Teilnehmer in der Gruppenarbeit relativ selbstständig und ihrem Leistungsstand entsprechend arbeiten. So sind alle Teilnehmer aktiv am Unterrichtsprozess beteiligt. Andererseits ist es in der Gruppenarbeit möglich, sich aus einer Gemeinschaftsarbeit herauszuhalten. Deshalb ist darauf zu achten, dass sich wirklich jeder an dem Arbeitsprozess beteiligt.
Worauf Sie achten sollten …	Das Beispiel 2, siehe Partitur 2, S. 85 („Liedbegleitung mit Körperpercussion"), eignet sich gut für den Einstieg in die Liedbegleitung mit Körperpercussion. Für die Gruppenarbeit sollten die Teilnehmer bereits Kombinationen von Körperklängen kennen.

[1] Experimentierphasen sind sensible Arbeitsphasen, in denen die Schüler die Möglichkeit erhalten, ihrer Fantasie freien Lauf zu lassen. Gerade in der akustisch anspruchsvollen Rhythmusschulung können diese Phasen aber nur dann erfolgversprechend sein, wenn ein Arbeitsklima besteht, in dem gearbeitet werden kann. Daher sollten auch hier Regeln, z. B. zum leisen Arbeiten, aufgestellt werden, die im Idealfall im Vorfeld schon geübt wurden, siehe auch „Allgemeine Tipps für die Lehrkraft", S. 95.

	Das zu begleitende Lied sollte überschaubar sein. Ggf. kann auf den Refrain eines beliebigen Liedes zurückgegriffen werden. Bei der Arbeit mit ungeübten Teilnehmern sollte bei der Auswahl eines zu begleitenden Liedes beachtet werden, dass die Erarbeitung einer Liedbegleitung zu einem Lied mit geraden Taktarten erfolgt, denn den meisten unserer Schülern fällt eine Begleitung im geraden Takt leichter als eine mit ungeraden Taktarten.
Materialien	Für den Einstieg geeignete Liedbegleitung: Partitur 2, S. 85, „Liedbegleitung mit Körperpercussion" Für eine Gruppenarbeit: Arbeitsblatt 2, S. 82: „Liedbegleitung mit Körperpercussion (Aufgabenstellung für die Gruppenarbeit)", OH-Projektor, Folienvorlage 10, S. 83: „Liedbegleitung mit Körperpercussion (Beobachtungsaufgaben)"

4.5 Hinweise zur Herangehensweise

Die Liedbegleitung mit Körperpercussion kann in unterschiedlicher Weise erfolgen:
Je nachdem, ob und inwieweit die Teilnehmer mit Körperpercussion bereits vertraut sind, kann zum einen eine Liedbegleitung vorgegeben werden, die durch „Vormachen und Nachmachen" relativ schnell zum Erfolg führt. Für diese Herangehensweise liefern die Partituren 1, 2 und 3, „Liedbegleitung mit Körperpercussion: Unter einem Jackenknopf" und „Liedbegleitung mit Körperpercussion: Dracula", „Liedbegleitung mit Körperpercussion: Senjoa", S. 84 ff., drei Beispiele, die im Wesentlichen dem Lehrenden Orientierung bieten sollen[1]. Sie können allerdings auch als Folienvorlage für die Schülerinnen und Schüler zwecks Präsentation genutzt werden.
Zum anderen können in geübten Gruppen Liedbegleitungen erfunden werden. In diesem Fall entstehen innerhalb kurzer Zeit unterschiedliche Patterns. Hierzu erhalten die Schülerinnen und Schüler Arbeitsblatt 2 „Liedbegleitung mit Körperpercussion", S. 82. Das jeweils veranschlagte Zeitbudget wird auf dem Arbeitsblatt vorgegeben.
Bei der Begleitung eines (ggf. von den Teilnehmern) ausgewählten Liedes kann hier folgendermaßen verfahren werden:

a) Unterschiedliche Teile des Liedes (auch Strophen) werden von unterschiedlichen Gruppen mit ihrer Körperpercussion begleitet.
b) Teile des Liedes werden mit zwei oder mehreren von den Teilnehmern erarbeiteten Pattern begleitet, sodass eine Mehrstimmigkeit entsteht.

Im Rahmen der Präsentation kommt Folienvorlage 10 „Liedbegleitung mit Körperpercussion (Beobachtungsaufgaben)", S. 83, zum Einsatz.
Eine Liedbegleitung lässt sich auch mit vorgegebenen Rhythmuspattern erfinden. Für eine Begleitung eines Liedes mit einer Körperpercussion gibt es eine Vielzahl von Möglichkeiten. Die folgenden beispielhaft aufgeführten Patterns für eine Körperpercussion sind nur eine kleine Auswahl[2]. Diese Patterns können je nach Art eines Liedes beliebig zusammengefügt werden und so eine passende rhythmische Begleitung ergeben.
Die Patterns sind hier jeweils zweitaktig aufgeführt. Diese beiden Takte sind aber nicht zwangsläufig immer auch hintereinanderzuspielen. Es ergeben sich hin und wieder Situationen, in denen der erste des zweitaktigen Rhythmus mehrere Male wiederholt werden und sich der zweite am Schluss anschließen kann.

1 Weitere gut geeignete Lieder sind z. B. „Country Roads" oder „Congratulations".
2 Für eine erfahrende Klasse können u. a. lateinamerikanische Rhythmen eine Herausforderung sein. Intersessante rhythmische Begleitungen auf dem Körper und eine Vielzahl von Körperklängen sind in dem Buch „JUBA, Die Welt der Körperpercussion" von Jürgen Zimmermann zu finden.

Die Arbeitsblätter 3 bis 6, S. 87 ff., mit vorgegebenen Rhythmusbausteinen sind der Übersicht halber nach Taktarten (2/4-, 3/4-, 4/4- und 6/8-Takt) aufgeführt. Die Arbeitsblätter können den Schülerinnen und Schülern, sofern sie nicht geübt sind im Erfinden von Rhythmen, als Vorlage bei der Erstellung eines eigenen Rhythmus zu einem ausgewählten Lied ausgehändigt werden. Gegebenenfalls werden sie im Plenum geübt. Vorgesehen ist hierbei Gruppenarbeit.

4.6 Überblick: Stomp als rhythmisches Spiel mit Basketbällen

Definition	Bei einer Stompperformance mit Basketbällen erleben die Teilnehmer das Ballspiel aus einer anderen Perspektive. Zum einen ist hier die rhythmische Schulung angesprochen, auf der anderen Seite erfolgt mit einer Stompperformance mit Basketbällen eine Erweiterung der Bewegungserfahrungen und des Gruppenbewusstseins.
Chancen und Ziele	Aufgrund der intensiven Zusammenarbeit innerhalb einer Großgruppe und/oder Kleingruppen bei der Erarbeitung einer Stompperformance mit Basketbällen wird das soziale Miteinander gefördert. Die Teilnehmer sind bei einer Stompperformance mit Basketbällen angehalten, ihr Umfeld genau zu beobachten und sich entsprechend in die Gruppe einzubringen. Aufmerksamkeit und Konzentration sind wichtige Komponenten bei diesem Spiel. Die Erarbeitung von Stompsequenzen mit Basketbällen kann durch frontale Vorgaben erfolgen. Ebenso können Teile einer Stompperformance in Gruppenarbeit entstehen und so zu einem größeren Gesamtwerk heranwachsen. Hierbei ist die Kreativität angesprochen. Wird das Gesamtgruppenergebnis als Refrainteil mit Ergebnissen aus Kleingruppenarbeit in der Abfolge A, B, A, C, A, D usw. zusammengesetzt, kann z. B. in das Thema Rondo eingeführt werden.
Geeignete Anlässe	Abgesehen von der Konzentrations- und Aufmerksamkeitsschulung, die fächerübergreifend stattfinden kann, ist eine Stompperformance mit Basketbällen aus der Perspektive des Faches Musik eine Rhythmusschulung mithilfe von Bewegung (Tanz). Durch die Nutzung von Bällen können auch diejenigen Schüler Zugang zum Bereich Tanz finden, die bisher eher Abstand von diesem Themenbereich genommen haben. Das rhythmische Spiel mit den Bällen eignet sich aber auch dann, wenn in Vorbereitung fächerübergreifenden Unterrichts die Grundfertigkeiten Prellen, Werfen und Fangen im Fach Sport wiederholt und vertieft werden sollen. Auch die Bewegung im Raum und die Wahrnehmung von Positionen von Mitschülern sowie die immer wieder neu auszurichtende eigene Position innerhalb der Gruppe können mit einer Stompperformance mit Basketbällen handlungsorientiert vorbereitet werden.
Mögliche Probleme	Für eine Stompperformance mit Bällen eignen sich Basketbälle am besten. Daher sollte gewährleistet sein, dass für jeden Teilnehmer ein Basketball zur Verfügung steht. Für die Ausarbeitung einer Stompperformance mit Basketbällen sollte eine geeignete Räumlichkeit zur Verfügung stehen. Bälle haben hohen Aufforderungscharakter. Es sollte daher im Vorfeld sichergestellt sein, dass durch einen unsachgemäßen Gebrauch der Bälle keine Schäden verursacht werden. Wird eine Gruppenarbeit in Erwägung gezogen, sollten die Teilnehmer bereits Erfahrungen in der Gruppenarbeit haben, spezielle Regeln aufgestellt sein und weitgehend eingehalten werden können (siehe Hinweise zur Herangehensweise, S. 76).

Worauf Sie achten sollten …	Die Partituren 4 und 5, „Rhythmisches Spiel mit Basketbällen“, S. 92ff., zeigen jeweils ein Beispiel für eine Stompperformance mit Basketbällen ohne und mit Musik auf. Die einzelnen Bewegungssequenzen sollten zunächst im Klassenverband in kleinen Portionen vorgestellt werden. Die synchrone Ausführung sollte dann in Kleingruppen von drei bis fünf Teilnehmern geübt werden.
Materialien	Legende für die Partituren 4 und 5, Partitur 4 und 5, „Rhythmisches Spiel mit Basketbällen ohne und mit Musik“, S. 92ff. Für jeden Teilnehmer einen Basketball. Geeignete Räumlichkeit.

4.7 Hinweise zur Herangehensweise

- *Wir erarbeiten eine Stompperformance und nutzen neben unseren Körpern als Klangquelle auch Basketbälle.*

Als Vorbereitung zu der bevorstehenden Aufgabe wird zunächst ein Intro erarbeitet, anschließend werden konkrete Rhythmen mit den Basketbällen vorgegeben.
Im weiteren Verlauf können eigene Rhythmen in Kleingruppen erarbeitet werden.
Die Erarbeitung der Stompperformance erfolgt in fünf bzw. sieben Phasen:
1. Kognitive Vorbereitung: Das Spiel mit Basketbällen ist dann erfolgreich, wenn die Teilnehmer bereits eine Vorstellung von den Möglichkeiten haben, mit Bällen Rhythmen zu erzeugen. Daher ist es sinnvoll, vor der praktischen Herangehensweise ein geeignetes Video zu zeigen. Auf den Portalen youtube.com, vimeo.com oder myvideo.de finden sich unter dem Wort Stomp diverse geeignete Videos, u. a. von der bekannten Gruppe Stomp out load. Die Erfahrung zeigt, dass die Teilnehmer anschließend eine hohe intrinsische Motivation zeigen.
2. Hinweise auf Regeln: Die Bälle sind in unserer aktuellen Unterrichtssequenz ausschließlich als Instrument zu betrachten und entsprechend zu behandeln.
3. Motorische Vorbereitung: Dabei sind folgende Anweisungen durch den Lehrenden/die Lehrende zu beachten:

- *Wir gehen im mittleren Tempo im Raum umher und prellen unseren Ball. Achtet dabei schon auf gleiches Prellen (Synchronität).*
- *Der Ball wird nur noch mit jedem zweiten Schritt geprellt.*
- *Wir gehen acht Schritte und prellen den Ball wie im vorherigen Schritt erarbeitet. Wir zählen dabei mit. Dann „frieren wir ein“.*
- *Wir gehen acht Schritte und erstarren weitere acht Zählzeiten. Dann beginnt die Übung von vorn.*
- *Wir teilen die Gruppe: Gruppe A beginnt mit der Bewegung, Gruppe B beginnt mit der Starre.*

4. Erarbeitung eines Intros: Alle Teilnehmer stehen durcheinander und erstarrt im hinteren Teil des Raumes. Auf ein Signal (evtl. bis vier vorzählen) setzt sich die Gruppe A wie oben erarbeitet in Bewegung und läuft in acht Schritten bzw. Zählzeiten an eine gedachte Linie im vorderen Teil des Raumes. Dort erstarrt sie. In den nächsten acht Schritten bzw. Zählzeiten bewegt sich die Gruppe B in gleicher Weise und stellt sich hinter Gruppe A in zweiter Reihe.

5. Erarbeitung des rhythmischen Spiels mit Bällen: Auf den Partituren 4 und 5 („Rhythmisches Spiel mit Basketbällen", S. 92 ff.) befinden sich zwei Beispiele für eine Stompperformance mit Basketbällen. Diese Beispiele sind in Symbolschrift gehalten und ermöglichen auch Laien das Umsetzen der Partitur in Klang und Bewegung. Bei der Erarbeitung ist darauf zu achten,

- dass die Bewegungsverbindungen in kleinen, dem Leistungsniveau der Teilnehmergruppe angepassten Portionen, z. B. durch Vor- und Nachmachen gereicht werden und dass
- zwischen den Portionen den Schülern genügend Übungszeit zum Wiederholen, Üben und Festigen der Bewegungsverbindungen eingeräumt wird.

Es empfiehlt sich, diese Übungszeit in Kleingruppenarbeit mit jeweils drei bis fünf Teilnehmern zu organisieren. Dazu erhalten die Schülerinnen sowohl die oben genannten Partituren 4 und 5 als auch das Arbeitsblatt 7 „Rhythmisches Spiel mit Basketbällen (Legende)", S. 91. Die Teilnehmer haben so die Möglichkeit, entsprechend ihrer individuellen Leistungsfähigkeit und -fertigkeit z. B. einzelne Übungsverbindungen gesondert zu üben und/oder die Geschwindigkeit der Übungsverbindungen zu variieren usw. Die vorgegebene Übungszeit sollte transparent sein und von einem „Kurzzeitwecker" (vgl. auch Hinweise zur Herangehensweise) kontrolliert werden.

6. Gruppenarbeitsphase (gilt für die Erarbeitung einer Stompperformance ohne Musikbegleitung): An die frontale Erarbeitungsphase kann sich eine Kleingruppenarbeitsphase anschließen. Hierbei erfinden Gruppen mit drei bis fünf Teilnehmern eine eigene Bewegungs- und Klangverbindung.

7. Präsentation: Einzelne Gruppen präsentieren ihre Ergebnisse. Dabei kann das Großgruppenergebnis anschließen und so die Stompperformance erweitern.

Die „Kriterien für ein gutes Ergebnis" auf dem Arbeitsblatt 8, S. 94, helfen die Präsentation bzw. das Unterrichtsgespräch zu strukturieren und lassen gezielt mögliche Verbesserungen ansprechen. Der Lehrer kann diese an der Tafel angeben, sofern den Schülerinnen und Schülern das Arbeitsblatt 8 nicht vorliegt.

Kriterien für ein gutes Ergebnis

- die Gruppenteilnehmer achten gegenseitig aufeinander und spielen gleichmäßig,
- auch beim Prellen von mehreren Bällen auf den Boden klingt nur ein Ton,
- der Rhythmus kann von allen Gruppenteilnehmern fehlerfrei zur Musik gespielt werden,
- der Rhythmus passt zur Musik.

Die Beispiele für das rhythmische Basketballspiel sind so angelegt, dass sie in beliebiger Länge ausgeführt und dem Leistungsstand der Schüler angepasst werden können. Dem Beispiel 1 kann ein Intro vorangestellt werden. Die Schüler könnten sich z. B. aus der Organisationsform eines Haufens oder drei unterschiedlichen Standorten nacheinander oder gleichzeitig in die Reihen stellen. Das Gehen von den Ausgangspunkten wird mit dem Prellen des Balls verbunden. Sobald alle Schüler sich an ihrer Position befinden, geht es mit Teil A los. Der Start kann auch durch einen Teilnehmer oder die Lehrkraft durch deutliches Einzählen erfolgen.

Teil A könnte auch, wie im zweiten Beispiel (mit Musikbegleitung), der Refrain eines Rondos sein, der sich nach jedem weiteren Teil wiederholt. Zu den Teilen B und C könnten sich Arbeitsergebnisse einzelner Gruppen und somit weitere Teile D, E usw. des Rondos anschließen. Ein Musikbeispiel ist der Seite www.arte-musica.de und dort das Stück Follow me up to the carlo (http://www.arte-musica.de/index_2.htm) zu entnehmen.

Die „Kriterien für ein gutes Ergebnis" auf dem Arbeitsblatt 8, S. 94, helfen auch hier, die Präsentation bzw. das Unterrichtsgespräch zu strukturieren.

Verklanglichung einer Maschine

Aufgabenstellung für die Gruppenarbeit:

Setzt eine Maschine in Klang um. *Fangt bitte bei Arbeitsschritt [1] an und geht erst weiter, wenn alle Gruppenteilnehmer mit dieser Aufgabe fertig sind. Achtet bitte auf die Zeiteinschränkung.*	*Zeit in Minuten*
Arbeitsschritt [1] *Verabredet eure Positionen: Wer macht welchen Maschinenarbeitsschritt. Es empfiehlt sich, sich in der Gruppe gemäß den verabredeten Maschinenarbeitsschritten nebeneinanderzustellen.*	*5*
Arbeitsschritt [2] *Findet und erfindet zu eurer Maschine für die einzelnen Arbeitsschritte fantasievolle Geräusche mit dem Körper und/oder der Stimme. Ihr dürft für eure Erarbeitung maximal zwei Alltagsgegenstände zusätzlich nutzen.*	*5*
Arbeitsschritt [3] *Experimentiert zunächst mit euren Geräuschen. Wenn die Geräusche nicht passen, erfindet andere.* *Denkt bitte daran, dass die Maschine auch an- und abgeschaltet werden muss.*	*10*
Arbeitsschritt [4] *Erarbeitet ein Präsentationsergebnis, das ihr den anderen Teilnehmern zeigen könnt.* *Wichtig:* • *Die Maschine läuft gleichmäßig!* • *Von einem Arbeitsschritt zum nächsten gibt es keine Pausen!*	*10*

Verklanglichung einer Maschine

Beobachtungsaufgaben:

Arbeitsschritt 1 • *Sind die einzelnen Arbeitsschritte wirklich erkennbar?*
Arbeitsschritt 2 • *Gibt es in eurer Maschine Geräusche mit dem Körper und/oder der Stimme?* • *Gibt es wirklich nur maximal zwei (oder eine andere verabredete Anzahl) Alltagsgegenstände in eurer Maschine?*
Arbeitsschritt 3 • *Passen die Geräusche wirklich zu eurer Maschine?* • *Wird die Maschine an- und abgeschaltet?*
Arbeitsschritt 4 • *Läuft die Maschine gleichmäßig?* • *Gehen die Arbeitsschritte ohne Pause ineinander über?*

Verklanglichung einer Maschine

Kartenauswahl:

Brötchenmaschine (eine Maschine für sechs Personen)

1. Der Teig wird gerührt.
2. Der Teig wird in langen Schlangen gerollt.
3. Die langen Schlangen werden in Stücke geschnitten.
4. Die Teigstücke werden in den Ofen gefahren.
5. Der Ofen backt, dampft und zischt.
6. Die fertigen Brötchen werden herausgerollt.

Hausaufgabenmachmaschine (eine Maschine für fünf Personen)

1. Die Hausaufgaben werden in den Computer getippt.
2. Ein leeres Blatt Papier wird in die Maschine gegeben.
3. Die Maschine „denkt" geräuschvoll nach.
4. Die Ergebnisse werden auf das Blatt Papier geschrieben.
5. Das Blatt Papier wird aus der Maschine herausgefahren.

Saftpresse (eine Maschine für sechs Personen)

1. Eine Fuhre Äpfel wird in einen Kübel gefüllt.
2. Die Äpfel werden nacheinander gewaschen.
3. Die Äpfel werden nacheinander zerschnitten und in einen speziellen Presskübel gefüllt.
4. Die zerschnittenen Äpfel werden gepresst.
5. Der Saft fließt in einen Auffangbehälter.
6. Der Saft wird in Flaschen gefüllt.

Schraubenherstellmaschine (eine Maschine für sechs Personen)

1. Eine dünne Metallstange wird in kleine Stücke zersägt.
2. Die kleinen Stücke fallen in eine Festhaltevorrichtung, von der aus das Gewinde geschnitten werden kann.
3. Der Schraubenkopf wird gepresst, das Gewinde wird geschnitten.
4. Die fertigen Schrauben fallen auf ein Transportband.
5. Mehrere Schrauben werden maschinell in eine Schachtel einsortiert.
6. Die Schachtel wird verklebt.

Flaschenwaschmaschine (eine Maschine für sechs Personen)

1. Flaschen werden nacheinander auf ein Transportband gestellt.
2. Die Flaschen werden nacheinander unter hohem Druck mit Wasser gefüllt.
3. Die Flaschen werden nacheinander innen und außen gewaschen.
4. Die Flaschen werden nacheinander getrocknet.
5. Die Flaschen werden nacheinander poliert.
6. Die Flaschen werden nacheinander in Kästen einsortiert.

Wäschereinigungsmaschine (eine Maschine für sechs Personen)

1. Die in der Maschine befindliche Schmutzwäsche wird gewaschen.
2. Die Wäsche wird maschinell getrocknet.
3. Die Wäsche gelangt von dem Trockenbereich in die Sortieranlage.
4. Die Wäsche wird maschinell sortiert.
5. Die Wäsche wird maschinell gebügelt und gefaltet.
6. Die Wäsche wird gebügelt und gefaltet in speziellen Regalen auf Wäschestapel sortiert.

Liedbegleitung mit Körperpercussion

Aufgabenstellung für eine Gruppenarbeit:

Erfindet zu dem ausgewählten Lied eine einstimmige rhythmische Begleitung mit Körperpercussion. *In diesem Aufgabenblatt werden die einzelnen Arbeitsschritte aufgeführt. Fangt bitte bei Arbeitsschritt 1 an und geht erst weiter, wenn alle Gruppenteilnehmer mit dieser Aufgabe fertig sind. Achtet bitte auf die Zeiteinschränkung.*	*Zeit in Minuten*
Arbeitsschritt 1 *Hört euch zunächst die zu begleitende Musik genau an. Achtet dabei auf die Geschwindigkeit der Musik.* *Klopft die Musik leise mit.*	*5*
Arbeitsschritt 2 *Findet maximal vier verschiedene Körperklänge, mit denen ihr die Musik begleiten werdet.*	*5*
Arbeitsschritt 3 *Verbindet diese vier Körperklänge so, dass ein interessanter Begleitrhythmus entsteht. Achtet aber bitte darauf, dass eure Auswahl nicht zu lang und/oder zu schwer wird.*	*5*
Arbeitsschritt 4 *Übt diesen Begleitrhythmus so, dass ihn jeder aus eurer Gruppe mehrere Male hintereinander fehlerfrei spielen kann.* *Stellt euer Ergebnis den anderen Teilnehmern vor.*	*10*

Liedbegleitung mit Körperpercussion

Beobachtungsaufgaben:

***Arbeitsschritt* [1]** • *Wird die Musik mal schneller oder mal langsamer oder bleibt die Geschwindigkeit der Musik unverändert?* • *Könnt ihr die Musik mitklopfen, ohne dabei schneller oder langsamer als die Musik zu werden?*
***Arbeitsschritt* [2]** *Habt ihr wirklich maximal vier <u>verschiedene</u> Körperklänge gefunden?*
***Arbeitsschritt* [3]** *Passt der Rhythmus zur Musik?* *Können die verschiedenen Körperklänge problemlos hintereinander gespielt werden?*
***Arbeitsschritt* [4]** *Kann jeder aus eurer Gruppe den Rhythmus <u>mehrere Male hintereinander</u> fehlerfrei spielen?* *Könnt ihr den Rhythmus in der Gruppe gleichmäßig spielen?* *Könnt ihr den Rhythmus zur Musik spielen, ohne dabei langsamer oder schneller zu werden?*

Liedbegleitung mit Körperpercussion: Unter einem Jackenknopf

Traditionell aus Spanien
Übersetzung und Percussionsbegleitung:
U. Bredenbeck

Un - ter ei - nem Ja - cken - knopf von Frau Mi - a Mei - er - lein
5
schaut her - aus ein Mäu - se - kopf, ei, wie ist er win - zig - klein.
9
Ei, wie ist er win - zig - klein, die - ser gra - ue Mäu - se - kopf,
13
den Frau Mi - a Mei - er - lein fin - det un - term Ja - cken - knopf.

Legende für die Percussion
Organisationsform: Sitzkreis
a = Patscher mit beiden Händen auf beide Oberschenkel
c = Klatscher in die Hände
d = Patscher auf den Oberschenkel des rechten Nachbarn
h = Patscher auf den Oberschenkel des linken Nachbarn
g = Patscher auf dem Brustkorb
F = Patscher auf den Bauch
D = Stampfer

Liedbegleitung mit Körperpercussion: Dracula

Legende für die Percussion
Organisationsform: Sitzkreis
a = Patscher mit beiden Händen auf beide Oberschenkel
c = Klatscher in die Hände
d = Patscher auf den rechten Oberschenkel
h = Patscher auf den linken Oberschenkel
g = Patscher auf dem Brustkorb
F = Patscher auf den Bauch
D = Stampfer

„ROCK AROUND THE CLOCK"
M&T: JIMMY DE KNIGHT/MAX C. FREEDMAN
OV: MYERS MUSIC INC. USA (1954)
OV: AME MUSIKVERLAG EDWARD KASSNER GMBH
(Ed. Kassner & Co. Musikverlag)
Dt. Text: F. Vahle (Dracula)

Liedbegleitung mit Körperpercussion: Senjoa

Senjoa

Text und Musik: Traditionell
Percussionsbegleitung: U. Bredenbeck

Legende für die Percussion
Organisationsform: Sitzkreis
c = Klatscher in die Hände
a = Patscher auf beide Oberschenkel
D = Stampfer (rechts – links), am Schluss = Sprung
F = Patscher auf den Bauch

Rhythmusbausteine 2/4-Takt

	a = Patscher auf die Oberschenkel e = Schnipser
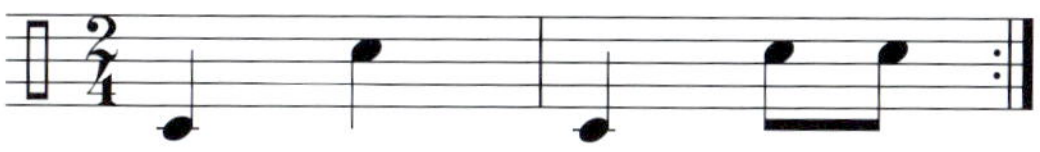	C = Patscher auf den Tisch c = Klatscher in die Hände
	f = Patscher auf den Bauch D = Stampfer c = Klatscher in die Hände
	c = Klatscher in die Hände f = Patscher auf den Bauch D = Stampfer e = Schnipser
	f = Patscher auf den Bauch e = Schnipser c = Klatscher in die Hände D = Stampfer

Rhythmusbausteine 4/4-Takt

	a = Patscher auf beide Oberschenkel c = Klatscher in die Hände g = Patscher auf den Brustkorb
	D = Stampfer c = Klatscher in die Hände f = Patscher auf den Bauch d = Patscher auf die Oberschenkel rechts, links
	D = Stampfer c = Klatscher in die Hände f = Patscher auf den Bauch
	f = Patscher auf den Bauch c = Klatscher in die Hände d = Patscher auf die Oberschenkel rechts, links
	f = Patscher auf den Bauch c = Klatscher in die Hände e = Schnipser D = Stampfer

Rhythmusbausteine 3/4-Takt

D = Stampfer
e = Schnipser
c = Klatscher in die Hände

D = Stampfer
f = Patscher auf den Bauch
c = Klatscher in die Hände
e = Schnipser

D = Stampfer
c = Klatscher in die Hände
e = Schnipser
d = Patscher auf die Oberschenkel rechts, links
f = Patscher auf den Bauch

c = Klatscher in die Hände
d = Patscher auf die Oberschenkel rechts, links
D = Stampfer

D = Stampfer
c = Klatscher in die Hände
e = Schnipser
f = Patscher auf den Bauch
d = Patscher auf die Oberschenkel rechts, links

Rhythmusbausteine 6/8-Takt

	c = Klatscher in die Hände d = Patscher auf die Oberschenkel rechts, links e = Schnipser D = Stampfer
	c = Klatscher in die Hände d = Patscher auf die Oberschenkel rechts, links D = Stampfer e = Schnipser h = Hände aneinander wischen
	g = Patscher auf den Brustkorb f = Patscher auf den Bauch d = Patscher auf die Oberschenkel rechts, links D = Stampfer
	a = Patscher auf beide Oberschenkel e = Schnipser c = Klatscher in die Hände g = Patscher auf den Brustkorb D = Stampfer
	a = Patscher auf beide Oberschenkel e = Schnipser c = Klatscher in die Hände g = Patscher auf den Brustkorb D = Stampfer

Rhythmisches Spiel mit Basketbällen (Legende)

Beschreibung der Zeichen zu den Partituren 4 und 5:

↓	Den Ball auf den Boden prellen
○	Den Ball geräuschvoll fangen
↓ (lang)	Den Ball kraftvoll auf den Boden prellen, sodass er bis über Kopfhöhe springt
X	In die Hände klatschen
↑	Den Ball in die Höhe werfen
 R	Mit dem rechten Fuß einen Halbkreis von rechts nach links auf dem Boden wischen
 R	Mit dem rechten Fuß einen Halbkreis von links nach rechts auf dem Boden wischen
△	Auf den Ball klopfen/geräuschvoll fangen
	Aufstampfen des linken Fußes
	Aufstampfen des rechten Fußes
●	Sprung mit beiden Beinen
↘	Den Ball zum rechten Nachbarn werfen
	Den Ball vom linken Nachbarn fangen
1 2 3 4	Zählzeiten

Rhythmisches Spiel mit Basketbällen

Beispiel 1, ohne Musikbegleitung

Organisationsform: Je nach Teilnehmeranzahl zwei bis drei Reihen hintereinander. Die Teilnehmer stehen „auf Lücke“ mit Blick nach vorn, jeder Teilnehmer besitzt einen Basketball.

A-Teil

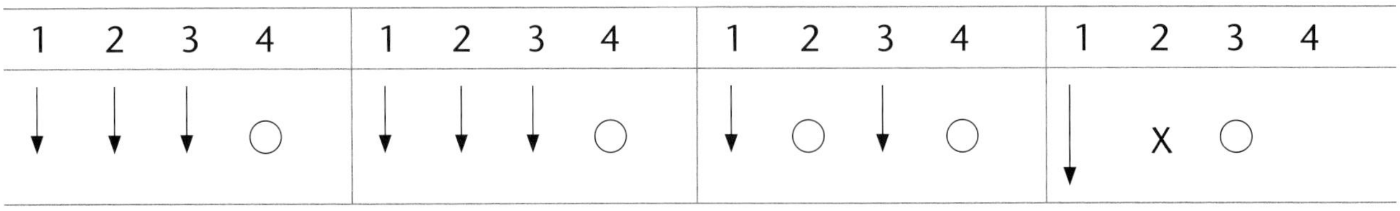

B-Teil

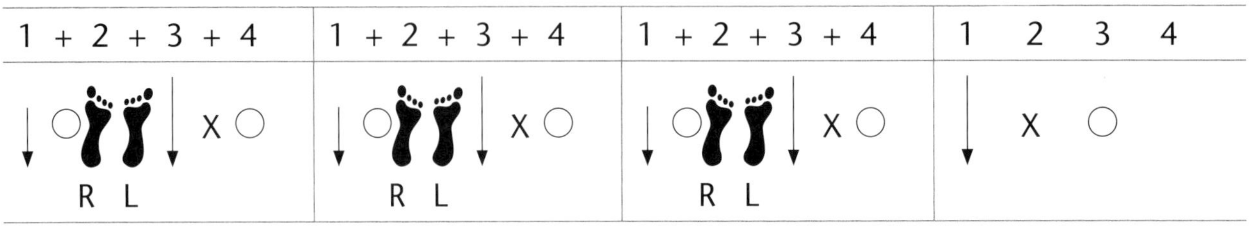

C-Teil

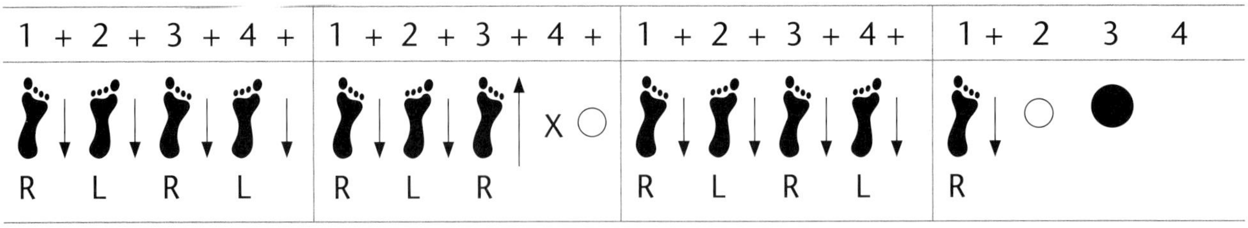

D-Teil

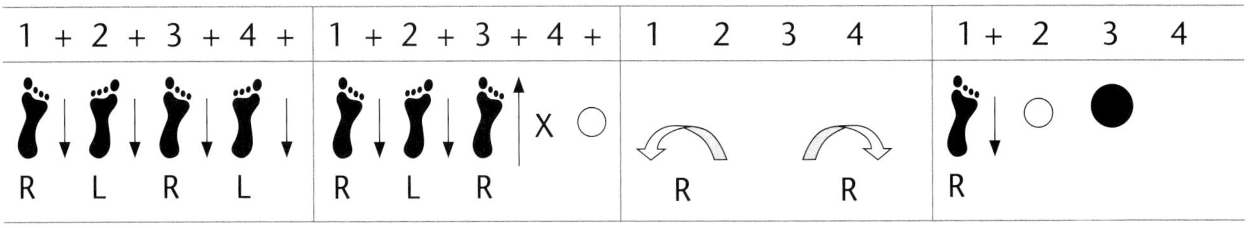

Rhythmisches Spiel mit Basketbällen

Beispiel 2, mit Musikbegleitung/Musik: Nhecu, Nhecu, (Posada, J., in: Becker, B. u. a., Mikado 2002)
Organisationsform: Kreis, jeder Teilnehmer besitzt einen Basketball.
Zum Ablauf: Intro – Vorspiel – Rondo (A-Teil, B-Teil, A-Teil, C-Teil, A-Teil, ggf. in Gruppenarbeit erarbeitete weitere Musikteile)
Intro und Vorspiel: Vier Takte Intro – dann auf der Zählzeit 1 Seitanstellschritte mit rechts beginnend nach rechts. Jeweils auf 2 und 4 auf den Ball klopfen.

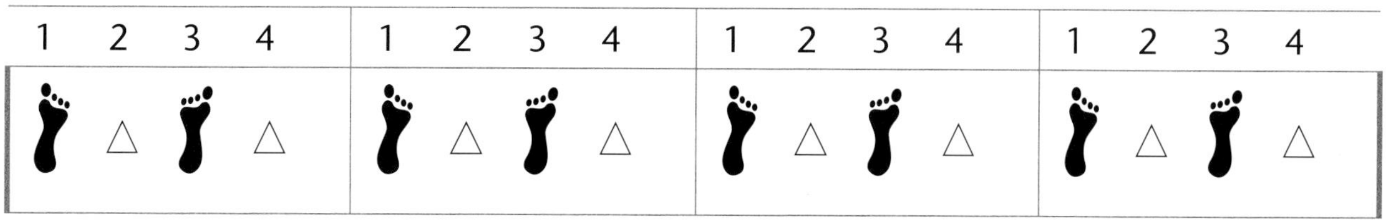

(2x)

A-Teil

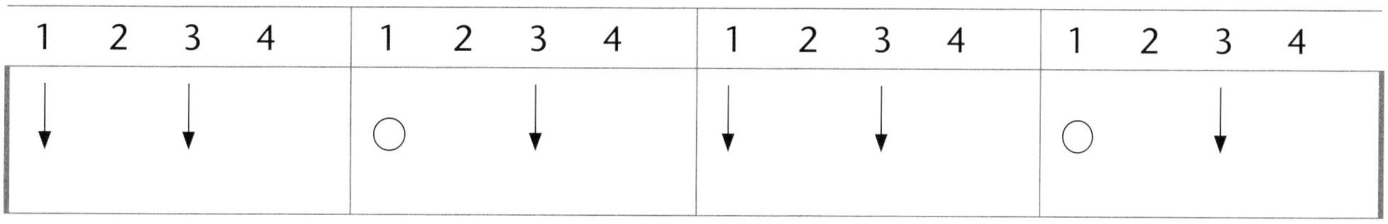

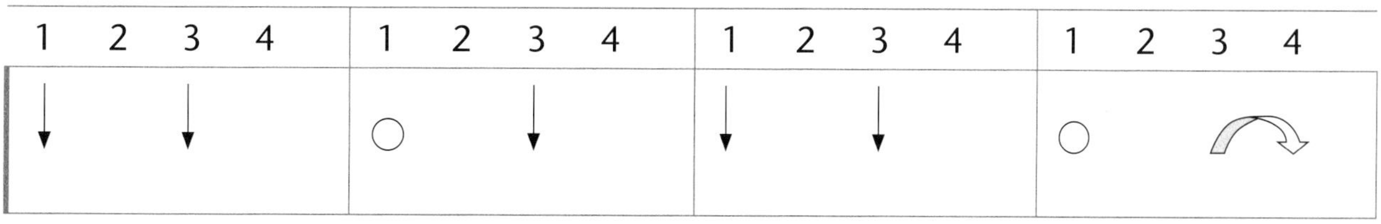

B-Teil

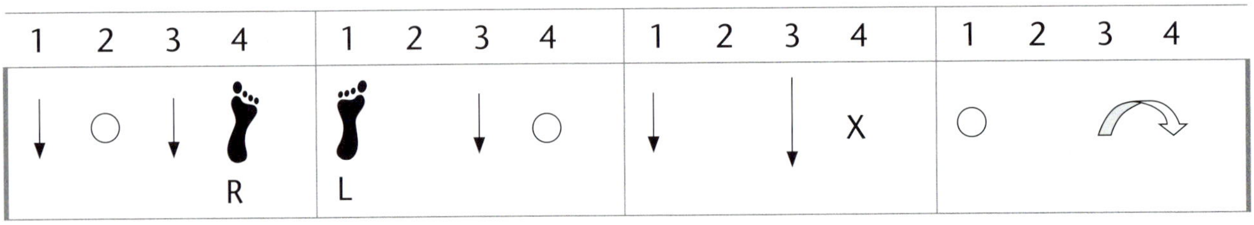

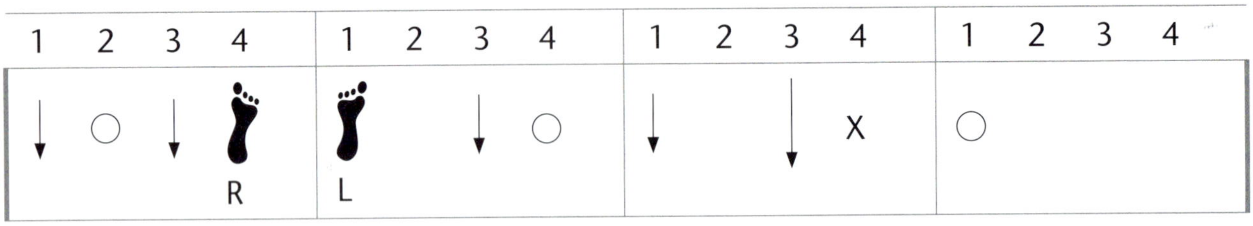

C-Teil

Den Ball jeweils auf der Zählzeit 1 auf den Boden in Richtung des rechten Nachbarn werfen. Auf der Zählzeit 3 den von links kommenden Ball fangen.

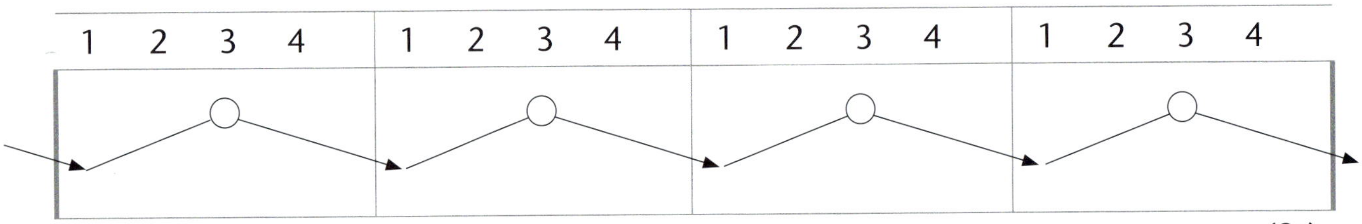

(2x)

Kriterien für ein gutes Ergebnis

- die Gruppenteilnehmer achten gegenseitig aufeinander und spielen gleichmäßig,
- auch beim Prellen von mehreren Bällen auf den Boden klingt nur ein Ton,
- der Rhythmus kann von allen Gruppenteilnehmern fehlerfrei zur Musik gespielt werden,
- der Rhythmus passt zur Musik.

Allgemeine Tipps für die Lehrkraft

Auch in einer Unterrichtssituation entscheiden manchmal Kleinigkeiten über den Erfolg oder Misserfolg. Die im Folgenden ausgewählten Tipps können dazu beitragen, die Erfolgswahrscheinlichkeit in der Rhythmusschulung hochzuhalten.

Arbeitsregeln: Arbeitsregeln wie z. B. leises Sprechen, nur in der eigenen Gruppe arbeiten oder das Festlegen bestimmter Arbeitsmaterialien unterstützen Schüler beim ökonomischen, zielorientierten Arbeiten. Diese Regeln sollten für die Schüler nachvollziehbar sein und z. B. an der Tafel oder auf einem Plakat visuell fixiert sein.

Experimentierphasen: Experimentierphasen sind sensible Arbeitsphasen, in denen die Schüler die Möglichkeit erhalten, ihrer Fantasie freien Lauf zu lassen. Gerade in der akustisch anspruchsvollen Rhythmusschulung können diese Phasen aber nur dann erfolgversprechend sein, wenn ein Arbeitsklima besteht, in dem gearbeitet werden kann. Daher sollten auch hier Regeln, z. B. zum leisen Arbeiten, aufgestellt werden, die im Idealfall im Vorfeld schon geübt wurden.

Gruppenleiter: Gerade in größeren Gruppen kann ein Gruppenleiter sinnvolle Arbeit leisten. Z. B. können Differenzen innerhalb der Gruppe mit einem Gruppenleiter geregelt werden, ohne den Arbeitsprozess deutlich zu stören.

Grundsätzlich gilt hierbei aber, dass die einzelnen Aufgaben, die ein Gruppenleiter übernimmt, im Klassenverband im Vorfeld abgesprochen werden sollten. Ein Gruppenleiter wird von seiner Gruppe gewählt.

Stammgruppen: Schülergruppen, die über einen längeren Zeitraum, z. B. über mehrere Wochen, zusammenarbeiten, findet man in der Literatur oft unter dem Begriff Stammgruppe. Die Einteilung von Gruppen vor einem Arbeitsauftrag fällt bei der Arbeit mit Stammgruppen weg. Die Schüler wissen, einmal in einer Stammgruppe eingeteilt, zu welcher sie gehören und ordnen sich ihr bei einem Gruppenarbeitsauftrag selbstständig zu.

Eine Arbeit in einer Stammgruppe kann sehr effektiv sein. Dennoch sollte die Gruppenzusammensetzung nach einer gewissen Zeit gewechselt werden.

Zeitmanagement: Für die Bewältigung eines Arbeitsauftrags erhalten die Schüler eine befristete Zeit, innerhalb derer die Aufgabe erledigt werden soll. Ein „Kurzzeitwecker" kann die Zeitkontrolle übernehmen, er klingelt, sobald die Zeit vorüber ist. Die Transparenz über das Verstreichen der Zeit gibt den Schülern eine Orientierung und Anhaltspunkte darüber, ob und wie sehr sie sich anstrengen müssen, um das Ziel zu erreichen. Eine Verlängerung dieser Zeit ist durchaus möglich, jedoch sollte vermieden werden, sie generell zu verlängern.

Schüler gewöhnen sich schnell daran, dass ihnen nur eine befristete Zeit zur Verfügung steht. Sie lernen u. a. dabei, mit ihrer Aufgabe schnell zu beginnen, die kurze Zeit effektiv zu nutzen und zielorientiert zu arbeiten.

Zieltransparenz: Ziele sollten für die Schüler klar formuliert und visuell präsentiert werden. So können sich die Schüler jederzeit daran orientieren und die Ziele werden auch in längeren Einzel- oder Gruppenarbeitsphasen nicht aus dem Blick verloren.

Der Instrumentenbau

Trommelrhythmen bzw. Trommeln an sich haben hohen auffordernden Charakter. In vielen Schulen stehen aber nur wenige Trommeln zur Verfügung. Dennoch sollte den Schülern die Möglichkeit, auf „richtigen" Trommeln zu spielen, nicht genommen werden, denn Trommeln und andere Perkussionsinstrumente können mit wenig Aufwand in den Schulen selbst gebaut werden. Ein fächerübergreifender Unterricht mit den Fächern Kunst oder Werken ist hierfür wünschenswert.
Attraktive **Trommeln** sind sehr einfach herzustellen, das Material ist billig und leicht zu besorgen. Die abgebildeten Trommeln sind aus Konservendosen unterschiedlicher Größen erstellt worden, die mit Weiß- und Buntpapier beklebt wurden. Die Klangdecken aus Schläuchen eines entsorgten Treckerreifens sind mit starkem Paketband verbunden worden.
Der weiteren kreativen Ausgestaltung dieser Trommeln, z. B. Nutzung von Perlen u. a., sind keine Grenzen gesetzt.

Klangstäbe (Claves) gibt es in Form von Besenstielen, die in allen Baumärkten relativ kostengünstig zu erwerben sind. Sie müssen lediglich in kleine Stücke von ca. 15 bis 20 cm zersägt werden.

Rainmaker, Rasseln oder Shaker unterschiedlicher Ausführung lassen sich aus mit unterschiedlichen Materialien (Erbsen, Linsen, Reis, Hirse usw.) gefüllten Konservendosen sowie aus zweckentfremdeten Gegenständen unterschiedlicher Art herstellen.

Literaturverzeichnis

Balster, K./Schilf, F., Kompetenzen von Kindern erkennen – Praktisches Instrumentarium zur Feststellung von Kompetenzen der Sensomotorik, Graphomotorik, Schriftsprache und Mathematik bei 5- bis 12-jährigen Kindern; Duisburg 2005 (2. Auflage)

Baur-Fettah, Y., Lernen durch Bewegung – eine Chance zu erkennen, zu erfahren, zu begreifen und zu verstehen in: Hildebrandt-Stramann, R. (Hrsg.), Bewegte Schule – Schule bewegt gestalten; Hohengehren 2007, S. 182–194

Breithecker, D., Bewegte Schüler – bewegte Köpfe. Unterricht in Bewegung. Chance einer Förderung der Lern- und Leistungsfähigkeit? Bundesarbeitsgemeinschaft für Haltungs- und Bewegungsförderung e.V.; Internetzugriff am 12.10.2007 unter www.bag-haltungundbewegung.de

Burrmann, U., Bewegungsräume und informelle Bewegungs-, Spiel- und Sportaktivitäten der Kinder in: Schmidt, W. (Hrsg.), Zweiter Deutscher Kinder- und Jugendbericht; Schorndorf 2008

Flatischler, R., Der Weg zum Rhythmus; Essen 1990

Fleig, P., Der Zusammenhang zwischen körperlicher Aktivität und kognitiver Entwicklung – Theoretische Hintergründe und empirische Ergebnisse in: Sportunterricht (57), Heft 1; Schorndorf 2008

Glathe, B./Krause-Wichert, H., Rhythmik und Improvisation; Leipzig 1997

Heim, R./Goldenbaum, A., Bewegungsbildung in Kindertageseinrichtungen; Berlin 2009

Hirler, S., Wahrnehmungsförderung durch Rhythmik und Musik; Freiburg 1999

Institute for Situational Training + Services: Rhythmus führt, unter www.situational.de (18.8.2011)

Jank, W., Veränderte Kindheit und Jugend – Perspektiven des Lehrens und Lernens im Musikunterricht in: Börs/Schütz (Hrsg.), Musikunterricht heute; Band 3–1999, S. 113–130

KIGGS, Studie zur Gesundheit von Kindern und Jugendlichen; 2006

Klöppel, R./Vliex, S., Helfen durch Rhythmik; Freiburg 1992

Kretschmer, J./Wirszing, D., *Mole* – Motorische Leistungsfähigkeit von Grundschulkindern in Hamburg; Hamburg 2007

Kultusminister des Landes Nordrhein-Westfahlen, Der (Hrsg.), Richtlinien und Lehrpläne für die Hauptschule in Nordrhein-Westfalen, Lernbereich Kunst/Musik/Textilgestaltung; Frechen 1989

Liesen, H., Ganzheitliches Training der Sinne ist erforderlich für Lernfähigkeit: Vortrag am 3. Paderborner Tag des Schulsports 2007

Meyer, H., Unterrichtsmethoden, Band I; Berlin 2009 (14. Aufl.)

Meyer, H., Unterrichtsmethoden, Band II; Berlin 2008 (14. Aufl.)

Moritz, U./Staffa, K., Trommeln ist Klasse! Manuskript vom 18.4.2007; persönliche Zustellung

Posada, J., in: Becker, B. u. a., Mikado 2002

Schläbitz, N., Musik und Bewegung – Hören nicht nur mit den Ohren in: Hildebrandt-Stramann, R. (Hrsg.), Bewegte Schule – Schule bewegt gestalten; Hohengehren 2007, S. 142–161

Schmidt, W., Kindersport im Wandel der Zeit in: Schmidt, W., Hartmann-Tews, I., Brettschneider, W.-D. (Hrsg.), Erster Deutscher Kinder- und Jugendbericht; Schorndorf 2003

Schulgesetz für das Land NRW vom 15.2.2005/zuletzt geändert durch Gesetz vom 27.6.2006

Vahle, F., Dracula in: Becker, B. u. a., Mikado 2002 (4. Aufl.)

Vester, F., Denken, Lernen, Vergessen; München 1978

Wanders, S., Bewegung macht klug. Bewegungsspiele für die Entwicklungsförderung Ihres Kindes, Rheinfelden 2003

Weinert, F., Konzepte der Kompetenz. In: ders.: Leistungsmessung in Schulen; Weinheim 2001
Witoszynski/Schindler/Schneider, Erziehung durch Musik und Bewegung; Wien 1989
Zimmer, R., Toben macht schlau. Bewegung statt Verkopfung, Freiburg 2004
Zimmermann, J., JUBA, Die Welt der Körperpercussion; Fidula 1999

EinFach Musik
Unterrichtsmodelle

Herausgegeben von Norbert Schläbitz

Klassik? Klassik!
Klassische Musik im Unterricht
Von Ernst Klaus Schneider
99 S., zahlr. Abb., mit CD
DIN A4, kart., Best.-Nr. 018075

Romantik in der Musik
Von Norbert Schläbitz
102 S., zahlr. Abb., mit CD
DIN A4, kart., Best.-Nr. 018072

Expressionismus
Von Frauke Heß
und Matthias Henke
101 S., einige Abb., mit CD
DIN A4, kart., Best.-Nr. 018090

Neue Musik
Von Stefanie Dermann
102 S., einige Abb., mit CD
DIN A4, kart., Best.-Nr. 018073

Populäre Musik analysieren und interpretieren am Beispiel des Soul
Von Bernhard Weber unter
Mitarbeit von Norbert Schläbitz
104 S., einige Abb., mit CD
DIN A4, kart., Best.-Nr. 018076

Mozart
Von Matthias Korten
101 S., einige Abb., mit CD
DIN A4, kart., Best.-Nr. 018074

Ludwig van Beethoven
Ein Leben für die Kunst
Von Werner Abegg
und Michael Schultheis
98 S., einige Abb., mit CD
DIN A4, kart., Best.-Nr. 018080

Musik und Bild
Von inneren und äußeren Bildern
Von Ursula Ditzig-Engelhardt
89 S., vierfarb., zahlr. Abb., mit CD
DIN A4, kart., Best.-Nr. 018071

Musik und Liebe
Von Bernd Clausen
92 S., einige Abb., mit CD
DIN A4, kart., Best.-Nr. 018087

Musik covern – Original und Bearbeitung
Von Thomas Erlach
103 S., einige Abb., mit CD
DIN A4, kart., Best.-Nr. 018079

Szenische Interpretation von Musik
Eine Anleitung zur Entwicklung von
Spielkonzepten anhand ausgewählter
Beispiele
Von Wolfgang Martin Stroh
102 S., zahlr. Abb., mit CD
DIN A4, kart., Best.-Nr. 018077

Filmmusik
Von Christa Lamberts-Piel
99 S., zahlr. Abb., mit DVD
DIN A4, kart., Best.-Nr. 018078

Klassenmusizieren
Eine Klasse wird zur Band
Von Marco Ringel
95 S., mit CD, DIN A4, kart.,
Best.-Nr. 018088

Musiktheorie spielerisch erarbeiten
Von Marco Ringel
104 S., zahlr. Abb., mit CD
DIN A4, kart., Best.-Nr. 018084

Kreativer Musikunterricht
Ausgewählte Beispiele und Methoden
Von Marco Ringel
88 S., einige Abb., mit CD
DIN A4, kart., Best.-Nr. 018070

Die Reihe wird fortgesetzt!

Schöningh Verlag
Postfach 2540
33055 Paderborn

Schöningh

Fordern Sie unseren Prospekt zur kompletten Reihe an:
Informationen 0800 / 18 18 787 (freecall)
info@schoeningh.de / www.schoeningh-schulbuch.de